韓国料理大全
한국요리대전

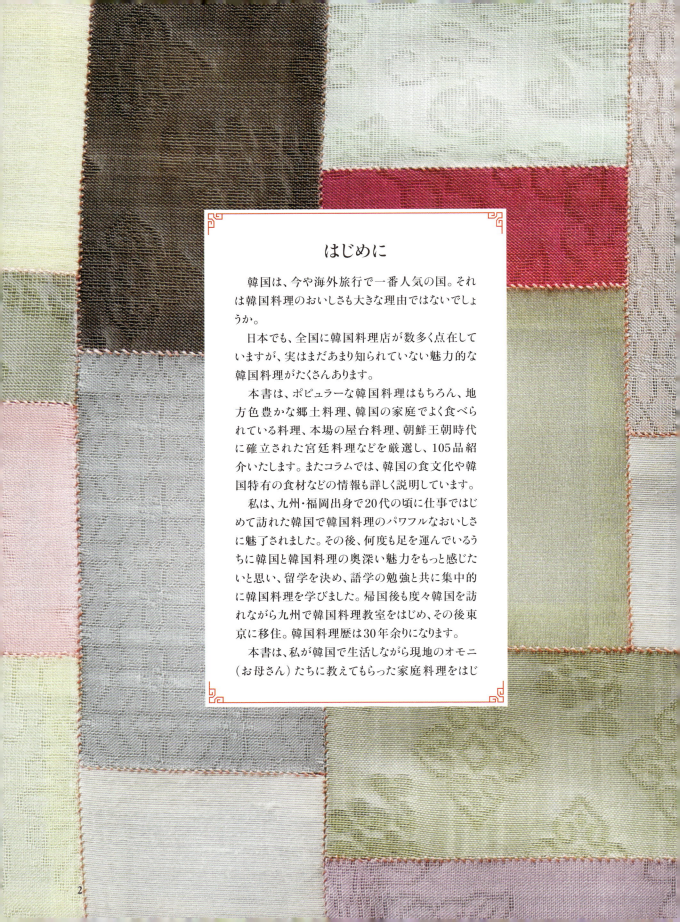

はじめに

韓国は、今や海外旅行で一番人気の国。それは韓国料理のおいしさも大きな理由ではないでしょうか。

日本でも、全国に韓国料理店が数多く点在していますが、実はまだあまり知られていない魅力的な韓国料理がたくさんあります。

本書は、ポピュラーな韓国料理はもちろん、地方色豊かな郷土料理、韓国の家庭でよく食べられている料理、本場の屋台料理、朝鮮王朝時代に確立された宮廷料理などを厳選し、105品紹介いたします。またコラムでは、韓国の食文化や韓国特有の食材などの情報も詳しく説明しています。

私は、九州・福岡出身で20代の頃に仕事ではじめて訪れた韓国で韓国料理のパワフルなおいしさに魅了されました。その後、何度も足を運んでいるうちに韓国と韓国料理の奥深い魅力をもっと感じたいと思い、留学を決め、語学の勉強と共に集中的に韓国料理を学びました。帰国後も度々韓国を訪れながら九州で韓国料理教室をはじめ、その後東京に移住。韓国料理歴は30年余りになります。

本書は、私が韓国で生活しながら現地のオモニ（お母さん）たちに教えてもらった家庭料理をはじ

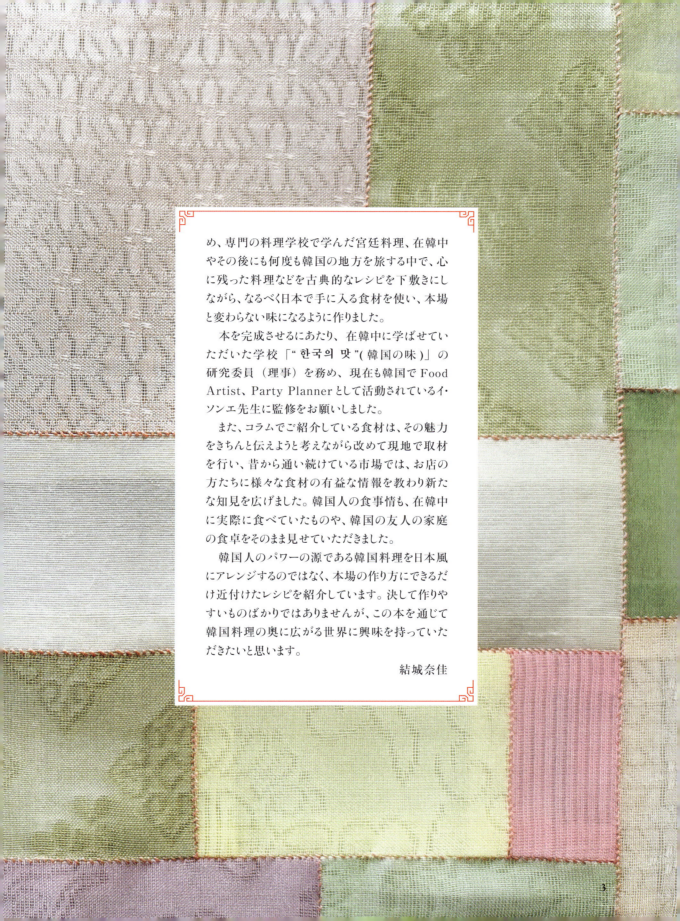

め、専門の料理学校で学んだ宮廷料理、在韓中やその後にも何度も韓国の地方を旅する中で、心に残った料理などを古典的なレシピを下敷きにしながら、なるべく日本で手に入る食材を使い、本場と変わらない味になるように作りました。

本を完成させるにあたり、在韓中に学ばせていただいた学校「"한국의 맛"(韓国の味)」の研究委員（理事）を務め、現在も韓国でFood Artist、Party Plannerとして活動されているイ・ソンエ先生に監修をお願いしました。

また、コラムでご紹介している食材は、その魅力をきちんと伝えようと考えながら改めて現地で取材を行い、昔から通い続けている市場では、お店の方たちに様々な食材の有益な情報を教わり新たな知見を広げました。韓国人の食事情も、在韓中に実際に食べていたものや、韓国の友人の家庭の食卓をそのまま見せていただきました。

韓国人のパワーの源である韓国料理を日本風にアレンジするのではなく、本場の作り方にできるだけ近付けたレシピを紹介しています。決して作りやすいものばかりではありませんが、この本を通じて韓国料理の奥に広がる世界に興味を持っていただきたいと思います。

結城奈佳

韓国料理大全
한국요리대전

目次

- 2 はじめに
- 8 韓国の基礎知識
- 9 韓国の歴史
- 10 韓国を知る
- 12 韓国の地方を知る
  - 京畿道（キョンギド）
  - 江原道（カンウォンド）
  - 忠清道（チュンチョンド）
  - 慶尚道（キョンサンド）
  - 全羅道（チョンラド）
  - 済州道（チェジュド）
- 24 韓国料理の基礎知識

28　第1章　肉・魚料理

- 30 ソウル式プルコギ
- 32 タッカルビ
- 33 チーズタッカルビ
- 34 テジコギスユッ ── ゆで豚
- 36 チャプチェ
- 38 カルビチム ── 骨付き牛肉の煮物
- 40 クジョルパン ── 九節板
- 42 クンジュントッポッキ ── 醬油ベースのトッポッキ
- 44 セコギサンジョク ── 牛肉の串焼き
- 45 トッカルビクイ ── 韓国式ハンバーグ
- 46 アンドンチムタク ── 安東地方の鶏の甘辛煮
- 48 コドゥンオキムチジョリム ── サバのキムチ煮込み
- 50 マンドゥクッ ── スープ餃子
- 52 クルビクイ ── 塩漬けグチの焼き物
- 53 キムチマンドゥ ── キムチ餃子
- 54 トゥブクイ ── 焼き豆腐
- 55 トゥブソン ── 豆腐の膳
- 56 エホバッセウジョッポックム ── 韓国カボチャの炒め物
- 57 カムジャジョリム ── ジャガイモの甘辛煮
- 58 カジソン ── ナスの膳
- 59 トトリムッムッチム ── ドングリ寒天のあえ物
- 60 オイセンチェ ── キュウリの生菜
- 61 ペセンチェ ── 梨の生菜
- 62 **COLUMN.1**　唐辛子

4

| 64 | 第2章　スープ・鍋料理 |

66	タッカンマリ ── 鶏一羽鍋
68	ナッコプセ ── タコとホルモンとエビの鍋
70	サムゲタン ── 参鶏湯
72	チョンボッサムゲタン ── アワビ入り参鶏湯
73	コンナムルクッ ── 豆モヤシのスープ
74	チョングッチャンチゲ ── 清麹醤チゲ
76	コッケタン ── ワタリガニのスープ
78	セウジョックッ ── アミの塩辛のスープ
80	トランタン ── 里芋のスープ
82	トックッ ── 韓国式雑煮
84	オイミヨクネングッ ── 冷たい夏のスープ
85	オジンオオイネングッ ── イカとキュウリの冷汁
86	ポソットゥルケタン ── キノコのエゴマスープ
87	メセンイクルクッ ── カプサアオノリのスープ
88	ミヨックッ ── ワカメスープ
89	チェチョプクッ ── シジミ汁
90	キムチチゲ ── キムチチゲ
92	ファンテクッ ── 干し鱈のスープ
94	COLUMN.2　セウジョッ（アミの塩辛）旨味の秘密と種類
96	COLUMN.3　韓国の象徴とも言える シジャン（市場）

| 98 | 第3章　ご飯と麺 |

100	COLUMN.4　韓国三大ピビンパッ
102	キムパッ ── 韓国海苔巻き
104	チュンムキムパッ ── 忠武海苔巻き
106	コンナムルパッ ── 牛肉と豆モヤシご飯
108	オゴッパッ ── 五穀ご飯
110	ムクルパッ ── 大根と牡蠣のご飯
111	シレギパッ ── 乾燥大根葉のご飯
112	コンドゥレパッ ── 高麗アザミの炊き込みご飯
113	ヨンヤンパッ ── 栄養ご飯
114	チョンボッジュク ── アワビ粥
116	ホバッジュク ── カボチャ粥
117	オッススジュク ── トウモロコシ粥
118	トッポッキ ── 餅の甘辛煮
120	ピビンマッククス ── 蕎麦のピビン麺
122	ムルネンミョン ── 水冷麺

124　チャジャンミョン ── 韓国式ジャージャー麺
125　コングクス ── 冷やし豆乳麺
126　パジラッカルグクス ── アサリのうどん
127　ジャンカルグクス ── 韓国式味噌うどん
128　COLUMN.5　食用ヨモギと薬ヨモギ
129　COLUMN.6　食卓上の妙薬、エゴマ

130　第4章 ジョン・ナムル

132　ノクトゥジョン ── 緑豆チヂミ
133　ヤンパチャンアチ ── 玉ネギの醤油漬け
134　クルジョン ── 牡蠣のチヂミ
135　キムチジョン ── キムチチヂミ
136　ペチュジョン ── 白菜のチヂミ

138　カムジャジョン ── ジャガイモのチヂミ
140　トンネパジョン ── ネギのチヂミ
141　プッコチュジョン ── 青唐辛子のチヂミ
142　エホバッジョン ── 韓国カボチャのチヂミ
144　ソコギオイポックム ── 牛肉とキュウリのナムル
145　カリコチュチム ── シシ唐の蒸し物
146　ムセンチェ ── 大根酢
146　カジナムル ── ナスのナムル

147　チャムナムルムッチム ── ミツバのナムル
148　ポソッナムル ── キノコのナムル
149　オイナムル ── キュウリのナムル
150　イルゴプカジナムル ── 7種のナムル

152　サムセッナムル ── 3色ナムル
　　　シグムチナムル ── ホウレン草ナムル
　　　コンナムルムッチム ── 豆モヤシナムル
　　　タングンナムル ── ニンジンナムル
154　COLUMN.7　韓国とお酒
156　COLUMN.8　韓国ソウルに住む韓国人の食事

158　第5章　保存食

- 160　COLUMN.9　キムチとキムジャン事情
- 163　ペチュキムチ ── 白菜キムチ
- 166　ナバッキムチ ── 大根と白菜の水キムチ
- 167　パキムチ ── ネギのキムチ
- 168　ケンニプキムチ ── エゴマの葉のキムチ
- 169　コチュチャンアチ ── 青唐辛子の醤油漬け
- 170　オイソバギ ── キュウリのキムチ
- 172　オイソバギムルキムチ ── キュウリのサラダキムチ
- 174　ミョルチポックム ── カエリイリコの炒め物
- 175　ムマンレンイムッチム ── 干し大根のあえ物
- 176　オジンオチェムッチム ── サキイカのあえ物
- 177　メシルチャンアチコチュジャンムッチム ── 梅のコチュジャンあえ
- 178　メシルチョン ── 梅シロップ

180　第6章　デザート・ドリンク

- 182　ユジャチャ ── 柚子茶
- 184　シッケ ── 麦芽飲料
- 186　テチュチャ ── ナツメ茶
- 187　COLUMN.10　滋養強壮の果実 ナツメの力
- 188　メシルチャ ── 梅茶
- 189　オミジャチャ ── 五味子茶
- 190　COLUMN.11　オミジャとは
- 192　スバッオミジャファチェ ── スイカの五味子ポンチ
- 193　ペオミジャファチェ ── 梨の五味子ポンチ
- 194　ユジャファチェ ── 柚子の花菜
- 196　スジョングァ ── 水正果
- 198　ペスッ ── 梨のコンポート
- 199　ソンピョン ── 松餅
- 200　ペクソルギ ── 白い米粉ケーキ
- 201　ケソンチュアッ ── 開城の揚げ餅
- 202　ファジョン ── 花餅
- 204　ユルラン ── 栗卵
- 206　COLUMN.12　韓国の行事と食

- 208　著者プロフィール・スタッフ

韓国の基礎知識

正式国名	大韓民国（Republic of Korea）
面積	約10万㎢ （朝鮮半島全体の45％、日本の約4分の1）
人口	約5,156万人 （出典：2023年、韓国統計庁）
首都	ソウル
公用語	韓国語（ハングル）
宗教	仏教（約762万人）、プロテスタント（約968万人）、カトリック（約389万人）等 （出典：2015年、韓国統計庁）
主要産業	電気・電子機器、自動車、鉄鋼、石油化学、造船
GDP（名目）	1兆6,643億ドル （出典：2022年、韓国銀行）
経済成長率 （実質GDP成長率）	1.4％ （出典：2023年、韓国銀行）
主要貿易相手国・地域 （出典：2023年、韓国貿易協会）	輸出：中国、米国、ベトナム、日本、香港 輸入：中国、米国、日本、オーストラリア、ベトナム
通貨	ウォン
平均年齢	44.8歳（男性43.7歳、女性45.9歳） （出典：2024、行政安全統計年報）
平均寿命	男性の平均寿命80.5歳　女性86.5歳 （出典：2020年、韓国統計庁）
世界遺産登録件数	昌徳宮（チャンドックン）や宗廟（チョンミョ）など世界文化遺産は14か所、 世界自然遺産は2か所（2023年）
国歌	愛国歌
国旗	太極旗
国花	無窮花

韓国（朝鮮半島）の歴史

古朝鮮時代	BC195年〜：中国の燕から亡命してきた衛満によって、衛氏朝鮮が建国。首都を平壌におく。存在が確認されている最古の王朝は、衛氏朝鮮であると言われている。
原三国時代	BC100年頃〜：中国の漢が朝鮮半島北部に4つの郡をおいて支配していたころ、半島南部では、3つの部族国家・三韓（馬韓、弁韓、辰韓）が興る。
三国時代	4世紀の中頃から7世紀中頃まで、朝鮮半島の北方に高句麗が現れてから、西南の百済、東南の新羅、南の加耶諸国（〜562年）という勢力が台頭してきた数百年間を指す。なお、韓国では高句麗が建国された紀元前1世紀〜とみる説もある。
統一新羅時代	676年〜：百済や高句麗を倒した新羅が唐を追い出し三国を統一。ここに統一新羅が誕生。
高麗時代	918年：王建は新たに高麗（コリョ）を建国し、自ら王を名乗る。次第に地方の豪族たちをまとめあげ、935年には、新羅を併合。936年に後百済を滅ぼし、高麗が半島の再統一を成し遂げる。首都は、開城（ケソン）におかれた。
朝鮮時代	1392年：高麗の武官であった李成桂は、クーデターをおこし自ら高麗王についた。翌1393年に国名を「朝鮮」と改称し、首都を漢陽（今のソウル）に移した。朝鮮王国（李氏朝鮮）は1392年に建国されて1897年に大韓帝国と名前を変え、1910年まで存続した。日本の室町時代から明治末期までに相当する。
日帝時代	1910年：大韓帝国（現在の韓国と北朝鮮）が日本に併合され大韓帝国は消滅 1945年：日本の敗戦に伴い北緯38度線を境に北はソ連軍（当時）、南はアメリカ合衆国軍に分割管理され1948年に南側が大韓民国（韓国）、北側が朝鮮民主主義人民共和国（北朝鮮）として独立した。
分断時代	1950年：朝鮮戦争勃発 1953年：ソ連の提案により板門店で休戦協定が締結され、双方多大な犠牲を払った3年間にわたる戦争が休戦を迎えたが現在も南北分断は続いている。 1965年：日韓基本条約が締結され、日本と韓国の国交が回復 1988年：ソウルで夏季オリンピック開催 1997年：アジア通貨危機が起こり、韓国も通貨危機（国家破綻の危機）を経験し、国際通貨基金（IMF）からの資金支援を要請する。 2002年：第17回FIFAワールドカップ開催（日本と韓国の共催大会） 2018年：平昌（ピョンチャン）で冬季オリンピック開催

韓国を知る

◆日本と深い繋がりを持つ韓国

　古くから日本と深い繋がりを持つ韓国。韓国人のエネルギーの源は食にある言われていますが、韓国には四季があり、山と海に囲まれた国のため、食材が豊富で、気候風土により、多種多様な野菜や魚介類が収穫されます。特に、貝や海藻類の種類が多く、食に興味がある人々にとって、魅力的な国と言えるでしょう。

　日韓間では、経済、文化、芸術、スポーツなど幅広い分野で交流が盛んに行われており、姉妹都市提携数は169組（出典：自治体国際化協会（2024年3月現在））にも及びます。

　日本全国からアクセスしやすく、歴史的な交流もあるため、文化的に似ている面が多い一方、食生活や美容、言語、コミュニケーションなど、韓国ならではの特徴も数多くあります。

　韓国は大部分を韓国人が占める単一民族国家で、その他に華僑も2万人ほど在住していると言われています。在韓邦人数は42,547名（出典：2023年10月、外務省海外在留邦人数調査統計）となっており、多くの日本人が暮らしています。ちなみに、在日韓国人数は411,748名（出典：2023年6月、出入国在留管理庁）と、日本に住む韓国人の方がはるかに多いです。宗教に対する信仰心も厚く、日本と比べキリスト教徒の割合が高い印象があり、儒教の影響も色濃く残っているため年配の方を敬う文化が根付いています。

　韓国経済は輸出に対する依存度が高く、主要産業は半導体やスマートフォンをはじめ、電気・電子機器、自動車、鉄鋼、石油化学、造船などで、IT系のベンチャー企業も多いようです。大都市圏では再開発が進み、高層ビルや高層マンションが立ち並ぶようになりました。特に首都ソウルの街では電気バスが数多く走るなど、2000年前後と比べて驚くほどの発展を遂げています。一方、地方では長閑な田園風景や簡易的なテントが並ぶ昔ながらの市場が残り、素朴で穏やかな韓国人の生活を垣間見ることができます。

　また、韓国は超学歴社会であり、受験戦争は熾烈を極めます。学歴や学閥が実際の能力より重要視される傾向にあります。そして男性には兵役義務があり、18〜28歳の間に2年近く、軍隊に入らなければなりません。入隊する事は国民の義務として当然の事とされ、様々な経験を経て、退役後には大きく成長し、社会へと復帰します。

　文化面では、K-POPや韓流映画にドラマ、オルチャンメイク（韓国コスメ）や韓国ファッション、グルメ（韓国料理）などが注目を集め、日本でも幅広い世代の女性を中心に人気があります。

　韓国人は情熱的で、記念日やイベントを大切にする国民性です。カップルが付き合った日数を記録するスマホアプリが普及している他、バレンタインデーやホワイトデー以外にも毎月14日は記念日で、カップルでダイアリーを交換したり、花束をプレゼントしたりとイベントが続きます。また、真夏には参鶏湯を食べる日、3月3日はサムギョプサルを、9月9日はチキンを、11月11日はペペロ（ポッキー）を食べるなど、食にまつわるイベントも多く存在します。

◆韓国人は食を大切にする国民性

　韓国では屋台文化が根付いており、人気観光エリアや、駅の出入り口、学校・会社周辺など、街角では軽食やおやつを販売する屋台がよく見られます。リーズナブルで気軽に楽しめるため、学生から会社員、お年寄りまで幅広い層に親しまれています。市場に併設された屋台通りは活気に満ち、韓国人のエネルギーを感じられる人気スポットとなっています。

　韓国人の挨拶は「ご飯で始まり、ご飯で終わる」と言われます。友人に会った時、日本では「元気だった？」と聞きますが、韓国人は「ご飯食べた？」と聞き、別れる時は「いつかご飯食べよう」とお約束のように言われます。韓国語で家族を意味するシック（食口）はご飯を一緒に食べる人を意味し、挨拶の仕方一つ見ても一緒に食事をすることを何よりも大切にする国民性だとわかります。

　韓国の「食」と言えば、ナムルやジョン、チゲ、トッポッキ、キムパッにオデン、参鶏湯、そしてテーブルいっぱいに並ぶおかずやキムチが思い浮かぶのですが、日本と同様に、食のグローバル化も進んでいます。洋食や和食の店が増え、家庭でも海外の味を楽しむなど、食が多様化しました。「最も好きな外国の食事は和食」とこたえる韓国人も非常に多く、日本人として嬉しく感じることも増えています。

　かつては各家で固有の味が受け継がれ、キムチはその代表的な食物でしたが、近年では単身世帯の増加や高齢化等で簡単に調理できる調味料や加工食品等が重宝され、画一的な味に変化してきています。そんな中、健康的な韓食の魅力が見直される動きがある一方、韓国の若いシェフが海外で学んだことを活かして韓食とコラボするなど、いわば料理のフュージョン化が起こり人気を博しています。このように多彩な料理を楽しめる中、とりわけ各地に残る素朴な料理は外せません。日本にご当地グルメがあるように、韓国にもその地域ごとの気候や特産物を生かした郷土料理があり、格別のおいしさを誇ります。

◆6つのエリアで巡る韓国料理

　古くから韓半島は「八道」と呼ばれる地域に分かれており、それぞれの地域が独自の食文化を育んできました。例えばキムチ一つをとっても味付に地方色が濃く出ており、その作り方にも特徴があり、知れば知るほど魅了されます。また、韓国旅行と言えばソウルや釜山などの都市部に目が行きがちですが、地方に足を延ばす事で、その土地ならではの新しい発見やおいしい出会いなどを楽しむことができます。

　本書では八道の中でも情報を得にくい北朝鮮に位置する平安道（ピョンアンド）、黄海道（ファンヘド）、咸鏡道（ハムギョンド）を除き、残りの5つの道と新たに創設された済州道を加え6つのエリアに区分しています。

　それぞれの地域の特徴や文化を知ることで韓国料理の背景にある歴史や風土などもより深く感じられると思います。そして定番の韓国料理を中心に、宮中料理や韓国でも楽しまれている北朝鮮料理、伝統的な郷土料理まで、韓国の食文化やそれにまつわる風習など幅広くご紹介しています。韓国の食文化を知り、味わうことで、その魅力を感じて頂きたいと思います。

韓国の地方を知る 1

京畿道（キョンギド）

京畿道は李氏朝鮮の行政区画（朝鮮八道）の一つで、韓半島の西方中央に位置し、北朝鮮との軍事境界である北緯38度線を北限とし、西は黄海、南は忠清道と接しています。東から西へ流れる漢江によって北（江北）と南（江南）に分けられ、北は山岳地帯、南は広い平野地帯です。
本書ではソウル特別市、仁川（インチョン）広域市全域と京畿道31市郡を含む韓国の首都圏と呼ばれる地域を一つのエリアとして考えます。

◆ 基本情報 京畿道

　この3地域には約2,600万人が居住しており、全国人口の約半数を占めています。
　3地域を合わせた面積は日本の秋田県ぐらいだそうですが、世界的に見ても非常に人口密度の高いエリアの一つです。京畿道だけみても1960年に274万人だった人口が2009年には1154万人へと増加しており、韓国の近代化および都市化に伴い人口が急激に増加したことがうかがえます。
　首都ソウルは日本の新潟と緯度がほぼ同じです。夏と冬の気温差が激しい大陸性気候で、年平均気温は11℃から13℃、年平均降水量は1,100㎜くらいで夏は雨の量が多く、冬は乾燥した日が続き降水量は少ないです。
　日本と比べ湿度が低く降水量も少ないため、1年を通じて比較的安定した気候です。はっきりした四季があり春は暖かく夏は高温多湿、秋は涼しく、冬は寒くて雪が降ります。特に北朝鮮に近い坡州（パジュ）市や東豆川（トンドゥチョン）市、南東部の山岳地帯の楊平（ヤンピョン）郡などは厳しい寒さです。

◆ 京畿道の歴史

　この地域は漢江沿いにあるため土地が肥えており、先史時代から生活を営む場として中心的な役割を果たしてきました。京畿道にある旧石器時代や新石器時代の遺跡地、青銅器時代の遺跡地などが、先史時代の由緒ある歴史を物語っています。京畿という名前は、王の宮殿を守る「王都の外側の地」を意味します。1000年前から王都を守る地として首都を丸く囲んでおり、多くの人材と物産品が行き交い、各地方の言語・風習・文化が交差し融合され多様な文化を形成してきました。朝鮮時代に首都が漢城（ハンソン）に遷都し、現在のソウルとなりましたが、首都（漢城）と港町の仁川を繋ぐことで栄え、現在も鉄道網や高速道路が整備されるなど、活気溢れるソウル首都圏を形成しています。
　1945年の南北分断および1950年 - 1953年の朝鮮戦争により京畿道は分断されました。
　京畿道のうち北朝鮮の実効支配下に置かれた地域につい

1　1395年、太祖・李成桂によって新しい朝鮮王朝の王宮として建てられた景福宮（キョンボックン）は五大宮闕の中でも最大の規模と建築美を誇っている。　2　世宗大王は韓国歴史上、最も偉大な聖君とされており、ハングルを創製した事を始め測雨器や日時計など科学器具も発明したと言われる。　3　韓国宮廷料理のシンソルロ（神仙炉）は元々この形状の鍋を指す言葉で、中央に炭火を入れる筒があり卓上でも冷めにくい構造である。牛肉ベースの出し汁にジョンや錦糸卵、肉団子などを並べたもので宮廷料理らしい上品な味が楽しめる料理。　4　北村韓屋村は朝鮮時代に王族や両班と呼ばれた当時の貴族達が住んでいた韓国の伝統的家屋である韓屋の密集する地区で人気の観光地。

ては、北朝鮮では京畿道の行政区を設けず、現在は開城特別市および周辺の道の一部として統治しています。1981年に仁川が広域市として独立しました。

このエリアは長きにわたり首都やその周辺として栄えたため、歴史的建造物が多く残っています。ソウルにある朝鮮王朝時代の宗廟や昌徳宮、王陵として九里（クリ）市の東丘陵、南楊州（ナミャンジュ）市の光陵と洪陵、裕陵などがあり、城郭としては世界遺産に登録された水原（スウォン）市の華城や南漢山城、幸州山城、江華山城などがあります。

寺院は韓国で最も古い木造建築物の江華・浮石寺無量寿殿があり、その他にもテンプルステイが体験できる古い寺院が数多くあります。龍仁（ヨンイン）市の韓国民俗村では民俗文化を、坡州市の板門店、南北境界線DMZ（非武装地帯）では韓国の分断の悲しみが実感できます。

◆ 産業と特産物

韓国経済の中心地と言われるこの地域は、仁川国際空港や仁川港、平澤（ピョンテク）港を有しており、物流のハブとしての立地条件に恵まれ、水原のサムスン半導体、坡州のLG-LCD団地、利川（イチョン）のSKハイニックス半導体など韓国を代表するグローバルIT企業の製造拠点が多数立地しています。

さらに全国の中小企業の25％が京畿道に集中しており、これら企業の先端技術産業はグローバルに活躍する韓国経済の重要な役割を果たしています。伝統的な産業として利川の陶磁器なども名産品として知られています。

◆ 京畿道のグルメ

ソウルの料理は全国の食材が集まって作られた宮中料理の流れから、手間をかけ華やかで贅沢であると言われています。肉や魚、野菜などをバランス良く使い、味付けは薄すぎず濃すぎず程よい感じで、クンジュン（宮中）トッポッキ、ノビアニ（宮中焼肉）、ソルロンタン（牛スープ）、ユッケジャン（牛の辛味スープ）、トックッ（韓国式雑煮）などがあります。

北朝鮮の開城（ケソン）では高麗時代の味を引き継ぎ、贅を極めたパンサンギ（飯床器）などの名物料理がありますが、京畿道料理は調味料や薬味を余り使わず全体的に薄味で、素朴なものが多いと言われています。

その他、古くから利川市の米、楊平郡のハヌ（韓牛）、水原市のカルビ、加平（カピョン）郡の松の実、ポッサムキムチ（白菜と海産物の包みキムチ）といった西海岸の新鮮な海鮮料理や宮中料理、二東（イドン）マッコリなどが代表的な料理や特産品として広く知られています。比較的新しいものとして朝鮮戦争以後、米軍の流出食材を活用したプデチゲや仁川駅前にある中華街の韓国式中華料理、チャジャンミョンなども名物だと言われています。

京畿道の江華島（カンファド）ではスンム（カブ）の栽培が盛んで、江華カブと呼ばれ特産品となっており、白色または紫がかった色で甘味があります。たんざく状に切ったカブに、サッパの塩辛を使うのが、江華島名物スンムキムチの特徴です。

5 プデ（部隊）チゲはスパムやソーセージをキムチチゲに入れたのが始まり、軍部隊が多かったソウル近郊の議政府市が発祥と言われる。　6 水原華城は水原市の中心部を取り囲むようにして建つ壮大な都城で、韓国ドラマ「イ・サン」の主人公たる第22代王・正祖が建造。　7 韓国の引越しと言えば「引越しそば」ならぬ「引越しチャジャンミョン」を食べるのが定番で、韓国人にとってソウルフードの一つ。　8 江華カブは江華島では16世紀の朝鮮時代から食べられていたそうで、宮中料理や両班の料理で彩りの食材としても使われていた。

韓国の地方を知る 2

江原道（カンウォンド）

江原道は李氏朝鮮の行政区画（朝鮮八道）の一つで、朝鮮半島の中東部に位置します。道の大部分は北西から南東へ走る標高1,500m程度の太白（テベク）山脈で覆われており、山麓から海岸までは10km程の幅しかなく広い平野は見られません。軍事境界線（北緯38度線）を挟んだ北朝鮮側にも江原道が存在しています。

◆ 基本情報 江原道

　中央にある太白山脈を境に、東側は嶺東（ヨンドン）地方、西側は嶺西（ヨンソ）地方と呼ばれます。

　李氏朝鮮初期に設置されましたが、険しい山脈によって交通が妨げられたので、江陵（カンヌン）と原州（ウォンジュ）がそれぞれ西と東の中心地として発展しました。名前の由来となった江陵と原州はいずれも韓国側にあり、北は軍事境界線、西は京畿道に、南は忠清道と慶尚道に接し、東は日本海に面しています。

　江原特別自治道の面積は16,875㎢で全国の面積の16.7%、九州の約半分の広さです。平昌（ピョンチャン）、旌善（チョンソン）、江陵は2018年平昌オリンピック・パラリンピックや2024年江原道ユースオリンピックの開催地となり同大会の開催に合わせ、東西方向の鉄道路線として京江（キョガン）線が建設されアクセスが便利になりました。

　地図を見ると遠いイメージですが、春川（チュンチョン）はソウルから電車で約60分と日帰り旅行先としても人気があります。東海岸エリアもソウルから江陵を結ぶKTX江陵線を利用すると江陵まで最短90分と手軽にアクセスできます。

　バスでもソウルから90分〜3時間程度で江原道の各所に行くことができます。

　気候は嶺東地方と嶺西地方で大きく異なり、東海岸に面した嶺東地方は、夏は比較的涼しく冬は暖かいが、降雪量の少ない韓国の中では最も雪が多い地方であり、江陵、束草（ソクチョ）、東海（トンヘ）などでは1mを超える積雪を記録したこともあります。鉄原（チョルウォン）など内陸の嶺西地方は、韓国で最も寒冷といわれ昼と夜の気温差が著しく、1年を通じての寒暖の差も非常に激しくなっています。

◆ 江原道の歴史

　江原道地域は、古朝鮮時代には濊貊（ワイバク）とも呼ばれました。古代国家としての形を持つようになり中央政府の権力が地方にまで影響を及ぼすようになる三国時代からは、嶺西地域が百済の影響力の下に置かれ、高句麗の勢力が強かった3〜5世紀頃には江原道全体が高句麗の影響を受け、

1 韓国ドラマ「冬のソナタ」のロケ地、ナミソム（南怡島）のメタセコイアの並木道。江原道は自然豊かで映画やドラマのロケ地が数多くある。　2 江陵の平昌に近い山間部に位置するアンバンデギと呼ばれる地では、風力発電機の下に一面の白菜畑が広がり一大産地となっている。　3 横城韓牛の基準は「横城で生まれ6か月以内に去勢された雄牛の1等級肉」とされ、肉汁が豊富でコクがあり柔らかく美味である。　4 トクチャン（干し場）と呼ばれるやぐらに吊るされたファンテ。雪が積もる寒空の下、冷凍と解凍を繰り返しながら旨味が凝縮されていく。

6世紀頃からは当時勢力を強めていた新羅の影響を受けるようになりました。

その後、三国を統一した新羅、936年に後三国を統一した高麗の支配下に置かれました。

1395年に嶺東の江陵道と嶺西の交州道を合併することで「江原道」という道名が公式的な行政区域として確定し現在に至ります。

◆産業と特産物

夏には国内外から多くの観光客が訪れ、観光業も主要産業としての地位を占めています。農耕地は全面積の8.4％に過ぎませんが、高冷地野菜、山菜、ジャガイモ、トウモロコシ等の栽培がさかんで、一年を通して白菜の栽培がおこなわれています。楊口(ヤング)のシレギ(干した大根の葉)や襄陽(ヤンヤン)のマツタケも有名です。草地と山林が多いため畜産や林業は全国トップクラスの規模を誇っており、横城(フェンソン)や平昌ではハヌ(韓牛)と呼ばれる高級ブランド牛を生産する牧場も多くみられます。束草や東海など東海岸の港町は暖流と寒流が交差する日本海に面しているため、イカやタラ、ハタハタ等の魚介類が多く獲れ漁業が盛んです。平昌や麟蹄(インジェ)で生産されるファンテ(干したスケトウダラ)は秀逸で冬空の中で乾燥させる様子は韓国冬の風物詩の一つとして知られています。また、石灰石、石炭、鉄等の地下資源にも富んでいます。

◆江原道のグルメ

江原道の食文化は東部の海沿い地域と、西部の山間部において大きく分かれています。蕎麦の産地として有名な高原地域の蓬坪(ポンピョン)ではメミルマッククス(韓国式冷やし蕎麦)やメミルジョン(蕎麦粉のチヂミ)、メミルジョンピョン(蕎麦粉クレープのキムチ巻き)など、日本とはまた一味違った韓国式の蕎麦料理を楽しむことができます。生産量の多いジャガイモを使ったカムジャジョン(チヂミ)や、カムジャオンシミ(ジャガイモのすいとん)といった料理も有名です。

江陵の草堂(チョダン)村では400年以上に渡って受け継がれてきた伝統製法、ニガリの代わりに海水を使って作る白いスンドゥブ(おぼろ豆腐)が名物料理、麟蹄では特産品であるファンテにコチュジャンなどをベースにしたヤンニョムを付けて焼いたファンテクイやプゴクッの高級版ファンテクッなども親しまれています。

旌善の代表的な郷土料理、コンドゥレ(コウライアザミの葉)をご飯に炊き込んだコンドゥレパッ、春川のタッカルビや、束草のオジンオスンデ(いかの肉詰め)、ドングリの粉から作るトトリムッなども押さえておきたい料理です。

5 襄陽は韓国最大の松茸の産地で、毎年9月に松茸祭りが開かれる。ここの天然松茸は樹齢30年以上の松の木の下で育ち、香りが強い。　6 マッククスは韓国冷麺のように大根キムチの汁で食べるムルククスと、コチュジャンベースのタレを絡めたビビンククスの2種類がある。　7 数十店のスンドゥブ専門店が立ち並ぶスンドゥブ村では、出来たて豆腐の香ばしい風味を楽しむ草堂式の白いスンドゥブ定食が人気。　8 束草のオジンオスンデは卵を付けて焼くジョンで出てくることが多く、イカの胴体に刻んだゲソや野菜、春雨、もち米などが入る。

韓国の地方を知る 3

忠清道（チュンチョンド）

忠清道は李氏朝鮮の行政区画（朝鮮八道）の一つで、現在の行政地区では忠清北道（チュンチョンプクド）と忠清南道（チュンチョンナムド）に分かれます。本書では忠清北道、忠清南道、大田（テジョン）広域市、世宗（セジョン）特別自治市を含む地域を一つのエリアとして考えます。

◆ 基本情報 忠清道

　この地域は朝鮮半島中南部、韓国の中西部に位置し湖西（ホソ）とも呼ばれています。忠清北道は内陸部なので寒暖の差が激しいですが、その他の地域は年平均気温が12℃前後と日本の平均的な気温より低いもののおおむね穏やかです。ソウルからのアクセスは、忠清北道まではKTXで約50分。大田まではKTXで約60分。ソウル高速バスターミナル、東ソウル総合ターミナルから各地へと直行便の高速バスも出ており、地域によって1時間半から3時間程度の距離です。釜山や木浦までもだいたい3時間圏内の位置にあります。

◆ 大田広域市、世宗特別自治市

　大田とは広大な土地を意味しており、韓国5大都市の一つです。韓国のほぼ中心部に位置しているため南北をつなぐ高速道路と鉄道が交差する交通の要所です。1993年には大田世界博覧会（科学エキスポ）が開催され、韓国随一の科学技術都市としても知られています。百済の時代に都が置かれた公州に近接しており、いくつかの城壁が築かれました。李氏朝鮮の時代では「幾湖学派」という韓国儒教の書院の中心地となり、幾人もの著名な儒学者を輩出しています。

　日韓併合の時代では、ソウルから釜山まで鉄道が建設され運送の要地でした。朝鮮戦争により大田市は廃墟と化しましたが、1970年代にはソウルから釜山、ソウルから木浦（モッポ）をつなぐ高速道路の分岐点となり、再び物流の中心地となりました。

　韓国では、ソウル首都圏の諸機能と人口の過度の集中解消などを目的に、2012年、国のほぼ中央部に「世宗特別自治市」が新設され、中央行政機関の移転などが進んでいます。2024年6月までに日本の省庁に相当する「部処」など47の中央行政機関、16の国策研究機関、10の公共機関の移転が完了したそうです。世宗はソウルから120km離れていることから、多くの公務員は家族ぐるみで転居することとなり、発足当初約11万人だった世宗の人口は、今では約40万人までに増加、目標人口は2030年までに50万人と設定されており、中央政府行政機関などを分散移転させる首都機能移転が進行中です。

◆ 忠清道の歴史

　忠清道は古代の馬韓という国があった地域で、三国時代前

1 世宗市は盧武鉉（ノムヒョン）政権時に、ソウルに代わる新首都になるはずだったが、政府の行政機関の一部だけを移す行政首都という形に収まった。　2 法住寺（ポッチュサ）は韓国で唯一の木造五重塔「捌相殿（パルサンジョン）」がある古刹で、ユネスコ世界遺産に登録されている。　3 陵山里（ヌンサンリ）古墳群は百済時代の7つの古墳でユネスコ世界遺産の一つ。百済後期に作られた王陵といわれ保存状態が良い。　4 カンジャンケジャンは新鮮な生のワタリガニを醤油ダレに漬けて熟成させた伝統料理で、ご飯泥棒（パットドッッ）とも呼ばれる。

期には百済、高句麗、新羅の交界地となり、後に百済領となりました。今でも百済に関する史跡が多く残っており公山城、宋山里古墳群（ソンサンニコブングン）、定林寺（チョンニムサ）などの歴史文化遺産から構成される「百済歴史遺跡地区」は、2015年にユネスコ世界文化遺産に登録されました。

統一新羅時代に入ると中原（チュンウォン）と西原（ソウォン）の小京を設置、高麗時代の995年に中原道が設置され、1106年に忠清道となりました。その後、1896年の高宗の勅令で、忠清北道と忠清南道に分割されました。

◆ 産業と特産物

忠清北道は内陸にあたり、ほとんどが山間部になるため、山菜やきのこ類が豊富です。一方の忠清南道は黄海（ファンヘ）に面しており干潟も多く海産物に恵まれています。

料理は全体的に淡泊な味付けを好み、素材の味を活かしたものになっています。

忠清道は土壌の関係で白菜が多く取れなかったため、生育しやすいカボチャを多く栽培しています。ヌルグンエホバッといって、長期保存ができるカボチャです。

礼唐（イェダン）を中心に農業が盛んで、扶余（プヨ）郡のミニトマトをはじめ、コメ・大麦・大豆・サツマイモ・ブドウなども生産しています。更に、錦山（クムサン）郡の高麗人参、報恩（ポウン）郡のナツメ、槐山（クェサン）郡や青陽（チョンヤン）郡の唐辛子、丹陽（タニャン）郡や瑞山（ソサン）市のニンニク、礼山（イェサン）郡のリンゴ、公州（コンジュ）市の栗といった特産品があります。また、絹織物の生産は重要産業の一つとなっています。

沿岸部では漁業や養殖業が盛んで、ワタリガニ、コウライエビ（大正エビ）、テナガダコ、イイダコなどが有名です。また、洪城（ホンソン）郡の広川（クァンチョン）地区では水産加工品として、キム（海苔）やセウジョ（アミの塩辛）の生産が盛んに行われています。畜産業、中でも豚の飼育頭数は忠清南道が全国1位。乳牛、韓牛を含む肉牛の飼育頭数や、養鶏はいずれも高い生産量を誇ります。

◆ 忠清道のグルメ

海がない忠清北道ではメギタン（ナマズ鍋）など川魚に特化した料理が見られ、山菜を活かしたサンチェジョンシク（山菜定食）なども有名です。一方、忠清南道では豊富な海産物が得られるため、カンジャンケジャン（ワタリガニのしょうゆ漬け）、牡蠣ポッサム、論山（ノンサン）市のチョッカルジョンシク（塩辛定食）などがよく食べられ、コンナムルパッ（大豆もやしご飯）、ホバッコジ（切り干しカボチャ）、天安（チョナン）市が発祥の地と言われるホドゥカジャ（クルミ饅頭）なども代表的な郷土料理として知られています。中心部の大田は昔からカルグクスが有名で、ソルロンタンやコウライケツギョのメウンタンなども人気があります。また、百済は敬虔な仏教国として栄えたことから、扶余郡のヨンニプパッ（蓮の葉包みご飯）など仏教にちなんだ蓮の葉や蓮の花などを使った郷土料理も楽しめます。

5 韓国最大の塩辛市場として知られる論山市江景（カンギョン）や広川市ではアミエビを使ったセウジョが人気。　6 錦山は韓国一の高麗人参栽培地で国内流通の大半を占める錦山人参薬令市場があり、錦山人参祭りも人気。　7 韓国では水ダコやマダコをムノ、テナガダコはナクチ（ナッチ）、イイダコはチュクミ（チュックミ）と呼ぶ。　8 ホドゥ（胡桃）とカジャ（菓子）を意味する少し甘めの小麦粉生地に餡とクルミが入った一口大の焼き菓子。　9 ヨンニッパッは抗菌防腐作用がある蓮の葉に、もち米やナツメ、栗などを詰めて蒸す伝統料理。

韓国の地方を知る 4

慶尚道（キョンサンド）

慶尚道は李氏朝鮮の行政区分、朝鮮八道の一つで朝鮮半島の南東部に位置し、慶尚北道に属する慶州（キョンジュ）と尚州（サンジュ）から頭文字を取って命名され、嶺南（ヨンナム）地方とも呼ばれています。この地では紀元前57年に新羅が建国され慶州を首都と定め隆盛を誇りました。その後、高麗や李氏朝鮮の時代に慶尚道と区分され1896年に慶尚南道と慶尚北道に分かれました。日本の京都のような存在で修学旅行客や観光客が1年を通して訪れます。本書では慶尚北道と慶尚南道、広域市の釜山（プサン）、大邱（テグ）、蔚山（ウルサン）を含む地域を一つのエリアとして考えます。

◆ 基本情報 慶尚道

慶尚道を地理的に特徴付けるのは、小白（ソベク）山脈と洛東江（ナクトンガン）です。東海岸沿いに南北に長く連なる太白（テベク）山脈から分岐し、南西方向に山が連なる小白山脈は、太白山脈と共に朝鮮半島の背骨といわれ、北部の江原道、西部の忠清道、全羅道との道境を成しています。東部は東海岸、南部はリアス式海岸と島嶼地域が広がる南海岸に臨みます。この小白山脈と洛東江が障壁になり、他の地方からの人や文化の流入が比較的少なく独自の文化を育んだとも言われ、朝鮮戦争の際も洛東江が韓国軍の最終防御線になりました。

北部は大部分を山地に囲まれ盆地特有の気候で、夏の暑さと冬の寒さが厳しくて寒暖の差が大きく、南部は小白山脈が冷たい北西風を防ぎ温暖な地域です。

安東はユネスコ世界文化遺産に登録された安東河回村（アンドンハフェマウル）や仮面踊りで有名な安東国際仮面舞フェスティバルなど、朝鮮時代からの街並みとともに当時の文化や風習が現代まで大切に伝承され、多くの観光客が訪れています。その他、瞻星台（チョムソンデ）、仏国寺（プルグクサ）、石窟庵（ソックラム）、海印寺蔵経板殿（ヘインサジャンギョンパンジョン）、韓国三大寺院に数えられる通度寺（トンドサ）などがあります。

韓国最大の港町として栄えてきた釜山は、海沿いの立地を活かしたビーチリゾートや水産市場のグルメなど魅力が満載です。また、韓方と美人の街として知られている韓国第3の都市、大邱は韓国ツウな日本人達に人気です。

◆ 産業と特産物

山脈に挟まれた北部の盆地では米や豆が収穫され、大邱を含む琴湖平野では果実栽培が盛んで、聞慶（ムンジョン）市のオミジャ（五味子）、慶山（キョンサン）市のナツメ、高霊（コリョン）郡のイチゴ、星州（ソンジュ）郡のチャメ（マクワウリ）、栄州（ヨンジュ）市のリンゴ、清道（チョンド）郡の柿、尚州市の干し柿など

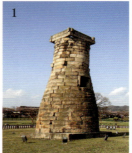

1 大人気ドラマ「善徳女王」でも登場した瞻星台は、新羅時代に作られたと推測される東洋最古の天文台。　2 タルチュムは民俗風習の一種で、人や動物、超自然的な存在に扮装し、劇的な場面を演出する仮面劇。　3 釜山の甘川文化村は家々が美しく並び、その風景から「釜山のマチュピチュ」と呼ばれる人気の観光スポット。　4 慶尚北道鬱陵郡に属する鬱陵島では輸出する程のイカが獲れ、毎年8月には「鬱陵島イカ祭り」が開催される。　5 釜山のチャガルチ市場は、毎日夜明け前から遠近海の300種を越える様々な魚介類が次々と運び込まれ、活気に包まれている。

が有名です。果物以外では栄州市の高麗人参、奉化（ポンファ）郡のマツタケ、義城（ウィソン）郡のニンニクも知名度が高く、畜産業においては全国有数の韓牛の飼育地となっています。

山岳地域では山菜やキノコ、韓方材を特産品とする地域が多くみられ、洛東江の流れに沿って広がる金海平野では稲作が盛んです。

慶州市や浦項（ポハン）市、島嶼地域である鬱陵（ウルルン）郡といった沿岸部はズワイガニやスルメイカの名産地で、浦項市のクァメギ（サンマの生干し）も名産として知られています。南海岸に面した地域は鎮海（チンヘ）、統営（トンヨン）など天然の良港も多く、韓国で最も漁業の盛んな地域です。

蔚山は現代自動車など現代グループの企業が集まる都市として栄え、海岸沿いには韓国最大の石油コンビナートが広がり工業都市の様相を示しています。

大邱には350年もの歴史を持つ韓方薬の市場、大邱薬令市場（テグヤンニョンジャン）があり、その規模の大きさから韓国三大薬令市に数えられ多くの人で賑わっています。

浦項は慶尚北道で唯一の大都市として知られ、1970年代初頭に浦項製鉄所が誕生して以来、韓国有数の工業都市として発展し、世界的企業に成長したポスコの城下町となっています。

◆慶尚道のグルメ

郷土料理の中には両班（ヤンバン）の食文化に由来する物や南海の豊富な魚介など、ソウルとはまた一味違ったグルメを堪能できます。塩辛の種類は全羅道に次いで多く、イワシの塩辛を良く使用します。調味料や香辛料も大量に使うため、総体的に味が濃く辛さも強めに感じられます。

安東（アンドン）市の名物であるカンコドゥンオ（塩サバ焼き）や奉化郡のハングァ（韓菓）と呼ばれる伝統菓子などはいずれも両班の祭祀（チェサ）料理から派生し、今に至ります。ちなみに祭祀料理にトウガラシやニンニク、コチュジャンを使うのはNGと言われ、奉化の韓菓は今でも両班の家系に嫁いだ女性しか作れないそうです。

祭祀料理をアレンジした安東式ピビンパッとも呼ばれるホッチェサパッ（祭祀の時に食べるご飯）も人気です。

晋州（チンジュ）市ではその美しい見た目から花飯と呼ばれる晋州式のユッケピビンパッや、魚介ダシに細切りのユッジョンをのせた晋州冷麺など華やかな伝統料理も楽しめます。

釜山はホンオ（エイ）やコムジャンオ（ヌタウナギ）を始めとする海鮮料理、豚骨スープを用いたテジクッパや平壌冷麺を起源に持つミルミョン、東莱パジョン（ネギチヂミ）、ナッコプセ、オムク（おでん）、シアホットクなどが有名です。蔚山では鯨肉の食文化がありクジラ料理が楽しめ、馬山（マサン）のアグチム（あんこう鍋）、大邱のチムカルビ、安東のチムタッも郷土料理として知られています。

6 星州産のチャメは、糖度が11〜15度と非常に高く、味・色・香りから最高の評価を得ており、国内総生産量の70％を占めている。　7 釜山の温泉街、東莱の名物と言えば東莱パジョンが有名。李氏朝鮮時代の宮廷への献上品の一つで、中身がトロッとふっくら焼かれている。　8 大邱薬令市場は、毎年、薬令市韓方文化祭りが開かれる。韓方薬局や薬材卸売店、韓医院が集まる通りの至る所に韓方を煎じる薬缶のオブジェがある。　9 2018年、山地僧院としてユネスコ世界文化遺産に登録された通度寺では毎年5月、釈迦誕生日の当日とその前後に提灯が飾られ多くの観光客で賑わう。

韓国の地方を知る 5

全羅道（チョンラド）

全羅道は李氏朝鮮の行政区分朝鮮八道の一つ、半島の南西部に位置し、名前の由来は北側の全州（チョンジュ）と南側の羅州（ナジュ）からきています。1896年に全羅北道（チョンラポクト）と全羅南道（チョンラナムド）に分かれました。木浦（モッポ）や光州（クァンジュ）などの全羅南道エリア一帯は湖南（ホナム）地方とも呼ばれています。本書では全羅北道と全羅南道、広域市の光州を含む地域を一つのエリアとして考えます。

◆ 基本情報 全羅道

　全羅道では光州が周辺地域の中心としての機能を果たしています。また、全州には昔ながらの貴族の家「ハノッ（韓屋）」の街並みが保存されており、国内外から多くの観光客が訪れます。ソウルから光州までは、KTX高速鉄道で約3時間。釜山から光州までは車で約3時間かかり、高速バスも利用できますが距離があるためなかなか観光しにくい場所と言えます。見所としては朝鮮時代の生活文化を残す楽安邑城（ナガンウッソン）、海割れの珍島（チンド）をはじめとする多島海、日本式の前方後円墳など、海あり山あり歴史ありで知られざる魅力がいっぱいです。

◆ 全羅道の歴史

　全羅道地域を初めて治めた中央集権国家は百済（ペクチェ）です。百済は海上交通を利用して中国や日本との交流も活発に行いました。384年、中国を経由しインドの僧侶によって百済に仏教が伝わり、各地で寺院や仏像が作られたそうです。

　6世紀には、ますます仏教が盛んになり、日本への仏教伝来も行われ飛鳥文化に多くの影響を及ぼしました。

　韓国の墳墓は円墳ですが、光州の隣り、羅州をはじめ全羅道一帯には日本でおなじみの前方後円墳がいくつか確認できます。百済に協力するため、この付近に移住した倭人（日本人）高官の墓ではないかと考えられており、日本人として興味がそそられる歴史の1ページが垣間見えます。出土品の甕棺などは、光州博物館に行くとみることができます。

　また、全州は新羅の時代からその名を呼ばれるようになり、900年に建国された後百済の都でもありました。朝鮮王朝を建国した李成桂（イ・ソンゲ）の本籍も全州（全州李氏）です。1980年には光州事件と呼ばれる市民による軍事政権のクーデターに対する民主化要求運動が起きました。戒厳令下のもと民主化を叫ぶデモ隊を鎮圧する際に軍が多数の学生や市民を射殺したため、デモは全羅南道全域に広がり20万人を超える人達が立ち上がりました。10日間にわたって内戦の様相を呈した光州事件は多くの死傷者を出して鎮圧され韓国現代

1 全州韓屋村は伝統建築の韓屋が約700軒程密集し、中には築1000年を超える古宅もある。伝統衣装の韓服のレンタルもでき、人気。　2 木浦から車で約3時間。全羅南道の南西端にある珍島は「神秘の海道」や「モーゼの奇跡」とも形容される海割れ現象で有名な観光地。　3 朝鮮王朝末期に日本から天日塩の製造方法が伝来され、新安郡や霊光郡などで干潟を利用した天日塩田が分布するようになった。　4 淳昌は古くからコチュジャンの産地として知られ、カンジャン（醤油）やテンジャン（味噌）など醤の伝統製法を守り続けている。

史上に残る悲劇として心に刻まれています。

◆産業と特産物

　全羅道地域は朝鮮半島で最も温暖な気候のため農業が発達し、西部の平野は韓国有数の穀倉地帯の一つです。米以外の主な生産物は綿花、小麦、大麦、麻、カジノキ。カジノキは「韓紙」に加工され、障子などに使われます。東部においては牧畜が盛んに営まれています。内陸部の淳昌（スンチャン）はコチュジャンの里として知られています。沿岸のリアス式海岸では漁業が盛んに行われ、特にカキやアワビ、海草の生産は韓国内で最も盛んな地域といえます。

　また、全羅南道は韓国の塩の生産の大部分を占めており、特に新安（シナン）郡で生産される天日塩は最も人気が高く我が家でもよく使っています。

◆全羅道のグルメ

　全羅道は豊かな海産物に加え韓国最大の面積を誇る湖南平野では良質な穀物や野菜、山岳地では山菜が採れる上、土地の貴族たちが優れた料理法を代々伝えてきたため、「食の都」とも呼ばれています。全羅道料理は塩辛や香辛料を沢山使うので塩味や辛味が強めです。そのためキムチも他所に比べ濃厚で刺激的な辛さが特徴です。

　全州で誕生したと言われるピビンパッをはじめ食事がおいしく、パンチャン（おかず）も多く出されます。韓国の食の本質を求めるなら全羅道は外せません。

○ユッジョン

　お肉のジョンと呼ばれている食べ物です。近頃は全羅道以外でも食べるようになってきましたが、本家は別格です。薄く切った牛肉に衣をつけお店の方が焼いてくれます。

○全州ピビンパッ

　全州と言えばピビンパッ。全州ピビンパッは韓国の「無形文化財」に指定されている食べ物の一つで全羅北道を代表する料理です。

○全州マッコリ

　全州市にはやかんに入ったマッコリを頼むだけで、大量のおかずがでてくることで有名な「マッコリ通り」があります。この中でも一番有名な「三川洞（サムチョンドン）マッコリタウン」は全州韓屋村（チョンジュハノンマウル）から車で10分。おつまみはお店によって異なりますが、ジョン、ナムル、魚介類、焼き魚、キムチ、チゲなどが食卓に並びます。

○トッカルビ

　トッカルビとは、朝鮮風の骨付きハンバーグのこと。光州の松汀（ソンジョン）はトッカルビが有名で、専門店が集まったトッカルビ通りがあります。

　その他、コンナムルクッパッ（大豆もやしのスープかけご飯）、ヨングァン（霊光）クルビ、木浦のホンオフェ（エイの刺身）やナッチジョンゴル（手長ダコ鍋）なども有名です。

5 クルビは韓国人が好きな魚の代表格。霊光の法聖浦（ポッソンポ）産が最高級品で金のクルビと呼ばれ1尾10,000円を超えるものもある。　6 全州コンナムルクッパッは丸々とした大豆もやしを使った郷土料理で、ヘジャンク（二日酔い解消のために飲むスープ）の一つ。　7 ユッジョンは婚礼やソルラル（旧正月）、チュソク（秋夕）などの名節に食べる牛肉のジョン。牛肉の旨味を強く味わえ、誰もが好む。　8 マッコリタウンではやかんに入ったマッコリを追加するたびにパンチャンの種類が変わり、「テーブルの脚が折れる」と表現されるくらいたくさん並ぶ。

韓国の地方を知る 6

済州道（チェジュド）

韓国で最も大きな島（1,850㎢）で大阪府とほぼ同じ大きさ、朝鮮半島本土の南端から約85km、韓国の最南端に位置する火山島、それが済州島です。

◆ **基本情報 済州道**

　暖流である対馬海流の影響で、韓国内では比較的温暖な気候に恵まれていることから「韓国のハワイ」と呼ばれ2000年頃までは新婚旅行のメッカと言われていました。産業の大部分を観光業が担い、農業や水産業がそれに続く形となっています。

　島は中央にそびえる標高1950m、韓国最高峰の漢拏山（ハンラサン）によって北部と南部に分けられます。船が停泊する北部の済州市は耽羅（タンラ）王国の建国伝説が残る史跡などがあり、東門在来市場のような島民の生活感が漂う旧済州と、高級ホテルやレストランが軒を並べる都会的な新済州という、全く対照的な二つの街からなります。南部の中文エリアは中文観光団地とも呼ばれ高級リゾート地として賑わっています。豊かな自然に恵まれ、漢拏山国立公園や城山日出峰（ソンサンイルチュルボン）がユネスコの世界自然遺産に登録されています。

　火山島である済州島には火山石がたくさんあり、それを素材に作られたのが済州のシンボル的石像『トルハルバン』です。「石で作ったおじいさん」という意味で、守護神的、呪術・宗教的、境界の標を表す役割を持ち、町や村の安全を守り、全ての厄運を防ぐと言われ、町の入口に立てられました。

◆ **済州道の歴史**

　15世紀初めまでは耽羅王国がこの島を治めており、朝鮮半島とは全く異なる独自の風土がみられます。李朝（リチョウ）に併合され王朝後期になると、政争に敗れた王族や貴族階級の両班（ヤンバン）の流刑地となり、200人を超える知識人や政治犯が流されてきたそうです。これによって半島の進んだ文化がもたらされるようになります。

　日本統治時代には大阪との定期航路が開設され、多くの島民がこの船で日本に渡り、日本との繋がりも深い島となっていきます。全羅南道に属していましたが、1946年に分離し全羅南道済州島をもって済州道が設置されました。

◆ **済州島のグルメ**

　豊かなヘムル（海産物）をはじめハンラボンと呼ばれているデコポン等の柑橘類、ワラビ等の山菜類やシイタケ等のキノコ類も名産であり、これらは乾物としても全国に出荷されています。

1 城山日出峰は10万年前の海底噴火によってできた巨大岩山で、済州島を代表する景勝地の一つ。頂上から眺める日の出は絶景。
2 済州島各地で見られる石像トルハルバンは鼻を触ると男の子、耳を触ると女の子が生まれるという言い伝えがあり、右手を上に組んだものが文官、その反対が武官を表す。　3 済州島は韓国最大のミカン生産地で、中でも南部の西帰浦市のミカンが高品質とされている。生産量の約7割は温州ミカン。　4 済州島の各地域にある「海女の家」と呼ばれる食堂ではアワビやナマコ、ウニなど海女が捕ってきた新鮮な海の幸が楽しめる。

○ 海鮮料理

　海鮮料理として真っ先に思い浮かぶのは新鮮なフェ（刺身）で、日本でも人気の高い済州産のサバや、タチウオのほか、クエやマハタといった高級魚をはじめ、イカやブリ、アジ、更にはアワビ、サザエ、ウニ、ナマコなど多様な魚介を楽しめます。

　ムルフェ（冷汁風の刺身）は済州ならではの料理です。伝統的な製法ではテンジャン（味噌）で味付けし、大きな丼状の器に生野菜や刺身を盛り付け、コチュジャンや氷水、酢などを加えて作ります。特産品であるアワビやサザエ、イカなどを主材料として作ることが多くサッパリとした一品です。

　また、アマダイ、ウニ、アワビなどを用いてミヨックッ（ワカメスープ）を作ることが多く、豚肉や豚骨を煮込んだスープに海藻のホンダワラを入れたモムクッ（ホンダワラのスープ）も郷土料理として知られ、その他トゥッペギ（土鍋）を用いてアワビ、ウニ、エビ、アサリなどの海産物を味噌仕立てのスープで煮込むヘムルトゥッペギもおススメです。

○ 肉料理

　肉料理と言えば豚肉です。済州道では古くから家庭で豚を飼育し、祝い事があったときなどハレの日に屠畜して豚肉料理を作り、家族や親戚が集まって食べるとともに、近所の人などにも配る習慣があったそうです。

　伝統的に飼育されてきた豚は、チェジュフッテジ（済州黒豚）と呼ばれ、国の天然記念物に指定されている黒豚もいます。

　済州道では豚肉料理に塩辛を合わせる食べ方が好まれ、サムギョプサル専門店では、小さな容器にミョルチジョッ（カタクチイワシの塩辛）、焼酎、ニンニク、青唐辛子などを入れ、豚肉を焼く鉄板の上で煮立たせる方式をよく見かけます。コギグクス（豚スープ麺）も名物の一つで、豚骨や豚肉を煮込んだ濃厚なスープに、スライスしたゆで豚や、ニンジン、長ネギ、海苔などをのせ、中太の小麦麺で作ります。

　コサリユッケジャン（豚とワラビのスープ）も珍しい料理です。ユッケジャンは本来、牛肉を使った辛いスープなのですが、済州島でユッケジャンと言えば、豚肉とワラビのスープの事を指します。

　韓国では一般的に馬肉を食べる習慣がなく、済州道でのみ親しまれています。馬肉は、その多くが済州山馬、または漢拏（ハンラ）馬と呼ばれる交雑種で、マルコギグイ（馬焼肉）、マルコギユッケ（馬肉のユッケ）、マルコギフェ（馬刺し）として食されています。

○ オメギトク

　オメギトクは、済州道で作られる伝統的な粟（アワ）餅。オメギはもち粟の粉を熱湯で練り、丸めたものをゆでて作るのが伝統的な方式で、現在はもち粟にもち米やヨモギを混ぜて作った餅にアンコを詰め、表面にもアズキをまぶしたものをオメギトクと呼んでいます。

5 ムルフェは済州島や慶尚道、江原道など海の幸に恵まれた海岸都市でよく食べられている。夏場の済州では欠かす事の出来ない一品。　**6** 黒豚は主に漢拏山の麓で飼育され、一般の豚肉に比べて肉質が鮮やかな色沢で甘く、脂の香りが濃厚。観光客が好む済州グルメ1位と評される。　**7** 黒豚専門店のおすすめ部位は「オギョプサル」と「モクサル」。皮の部分にある黒い毛は黒豚を証明するためにわざと残してある。　**8** 済州には数多くのコギグクス専門店があり、ククスの店が密集したククス文化通りには観光客はもちろん、地元の人たちも多く訪れる。

韓国料理の基礎知識

　韓国料理は食材が持つ本来の旨味に加え、唐辛子の辛味や薬味の香りを楽しみつつ、発酵食品の深み、更には多彩なスープが織りなす情熱的で味わい深いハーモニーが特徴。野菜を豊富に使う点もポイントです。

◆歴史と文化

　韓国料理は古来より移り行く季節や祭事と密接な関係を持つ食文化として発展してきました。三国時代（高句麗、新羅、百済）には中国との交流を通じて、キムチの原型や味噌などの発酵食品が伝来し、仏教の影響により肉食が制限されたことで野菜や豆腐を使った料理が発展しました。

　高麗時代には中国（宋）との交易が盛んになり、醤油や麺類など現代の韓国料理にも欠かせない食材や調理法が広まりました。

　朝鮮王朝時代に入ると、儒教の影響で肉食が解禁され、鶏や豚、牛などを使った料理が再び食卓に上るようになり、宮中料理が洗練されることによって、今日につながる料理の基盤が固まっていきました。この時期に唐辛子が朝鮮半島に伝わったことで韓国料理に欠かせない調味料となり、赤く辛い味付けが特徴の料理が誕生します。朝鮮王朝後期になると庶民の間でも肉料理が食べられるようになり、更にはキムチ、チゲ、トッポッキなど現代の韓国料理では外せない料理がこの時期に誕生したと言われています。近代に入り日本統治下では和食やそれに付随する技法が取り入れられ、チーズを加えるなど諸外国の影響を受けながらも伝統の味を守り続ける韓国料理の歴史は、そのまま韓国の文化と歴史を物語っているようにも感じます。

　韓国の食文化には、「薬（医）食同源」の考え方が巧みに取り入れられています。自然治癒力を高めることを目的とする韓医学の重要な考え方の一つで、夏バテの防止としてサムゲタンを食べたり、咳止めとして五味子茶を飲んだりと体調が優れない時は食べ物で回復しようとする習慣があります。

　また、同様に重要視されているのが「陰陽五行説」に基づいた「五味五色」のバランスです。「白・黒・黄・赤・青（緑）」の5色の食材を、それぞれ「甘味・酸味・

辛味・苦味・塩味」の5種類の味付けを用い献立を作ることが良いとされています。

宮廷料理などは特に五味五色を大切に考えて作られており、目にも美しいお料理というだけではなく、5つの色と味を揃えて作ってみると必然的に栄養のバランスも摂れて身体によいお料理になる為、食事のバランスを大切にする文化が育まれてきました。

◆食卓の特徴

韓国の代表的な主食はお米で、スープやメインのおかず、それにキムチやミッパンチャンと呼ばれる常備菜を付けた献立が一般的で、小皿に盛り付けられたミッパンチャンが食卓を彩ります。これらは日本の「一汁三菜」の考え方に似ていますが、日本よりも品数が多いことが特徴です。

韓国料理の品数の多さは朝鮮時代の宮廷料理から派生した韓定食が影響しています。宮廷料理が両班を経て庶民に伝わり、地域や家庭によって様々なバリエーションが生まれました。調理が簡単な物であっても良しとされ、とにかく品数の多さが重要で、客人をもてなす際には「テーブルの脚が折れるぐらいの数」と形容されるほど、たくさんの料理を用意します。

このミッパンチャンの代表的なものはナムルなどの和え物で、すぐに手に入る野菜類やゴマ油やエゴマ油を使って沢山のナムルが作られます。食材と調味料を手であえると美味しくなると言われ、ソンマッ（手の味）が美味しくする秘訣だという話をよく聞きます。

ご飯は白米が基本で種類は日本と同じジャポニカ米です。米の産地に行くと、一人分ずつご飯を石窯で炊いた「石窯ご飯定食」を出す食堂がありとても人気です。家庭では主に炊飯器を使って炊きますが、白米だけでなく、黒米や雑穀、豆類を入れて炊くことも多いのです。また、お粥もよく食べるのですが、体調が悪い時はもちろん普段から好んで食べる人も多く、その種類も豊富でお粥専門店も人気です。

汁物（スープ）は以下の4種に類型されます。具材がゴロゴロ入った汁気が少なめの「チゲ」、具材の量より汁気が多い「クッ」、汁気が多く主役になる食材を長く煮込んだものが多い「タン」、食卓で煮込みながら食べる「ジョンゴル」に分けられますが、家庭ではご飯と共

に季節の野菜を使った「クッ」や「チゲ」をよく作ります。味付けには豆味噌のテンジャンや醤油のカンジャンを使うところなどは日本と似ていますが、その他にも唐辛子味噌のコチュジャンも使って幅広い味付けで楽しみます。

　デザートは素朴なものが多く全て季節や行事を大切に考えられたものばかりです。料理が伝統的な形式ならばデザートは主に菓子類と餅類になります。餅の種類は数多く、日本の餅菓子よりも甘さを控えて作るものがほとんどです。行事食でよく食べる餅は家庭でも作りますが、現在は韓国餅の専門店などを利用するケースも多いです。また、お菓子や餅以外のデザートは温かいものよりも冷たくてさっぱりしたものをドリンクのような形で出すことが多いのが特徴です。

◆韓国料理の食器

　韓国ではスプーンと箸を使います。スプーンの事をスッカラ、箸の事をチョッカラといい、二つ合わせてスジョと言います。昔、一人用のお膳が多かった時にはスプーンと箸を右手前に横置きにし、掴みやすいように柄の部分を半分外に出していました。その後、テーブルで食べるようになり、右側に縦置きになりました。横置きも縦置きもスプーンが自分に近い方になるのが正式な置き方です。韓国の食事作法はご飯も汁物もスプーンで食べるため箸よりもよく使うので、使いやすいように自分に近い方に置きます。箸はおかずを食べたりおかずをご飯にのせる時などに使うのが一般的で、取りわけ箸はあまりありません。また、器を持ち上げて食べるのはマナー違反なので、たとえ汁物でも食事が終わるまで持ち上げず、スプーンを使って食べきります。グツグツ煮えた状態で持ってくる汁物が多いので、手で持ち上げられない場合が多いのも韓国の食事の特徴です。日本では箸やスプーンは個別に販売しますが、韓国は普通、スプーンと箸がセット売りになっています。

◆韓国料理のおいしさのカギ

　韓国料理のおいしさを決めるカギの一つは、合わせ調味料の「ヤンニョム」が多く使われることです。ヤンニョムは調味料・香辛料・薬味野菜の総称であり、漢字では「薬念」と書き、一説には「薬になるように念じる」という意味で名付けられたと言われています。塩や砂

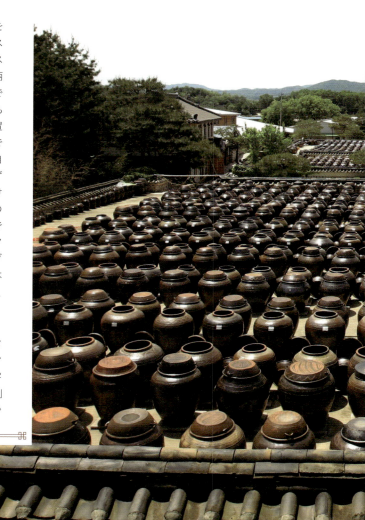

糖、コショウ、醤油、味噌、酢、コチュジャン、ゴマ油、粉唐辛子、ニンニク、ゴマ、ショウガ、ネギなどを混ぜ合わせて作ります。ヤンニョムは料理においしさを加えるだけでなく、肉や魚の臭みを取って腐敗を防ぐ役割もある、まさに万能調味料と言えるでしょう。

二つ目は、韓国の食文化の中心にある多様な発酵食品です。キムチはもちろん、テンジャン、カンジャン、コチュジャンといった醤（ジャン）などの調味料、そしてその他にも、マッコリといったアルコール類までもが発酵食品です。しかし、韓国の数ある発酵食品を語る上で最も重要なものと言えば、やはりキムチです。キムチの種類は200種を超えると言われており、元々は長い冬を越すための保存食として発展し、韓国人の食生活に欠かせない存在となりました。キムチは年に1度のキムジャン以外にも、季節ごとの野菜を使い様々な種類が作られます。地方性も踏まえ、使用する食材や各家庭での味付けも千差万別ですが、日本で言うところの漬物の様に家庭や食堂でも必ず出てくるマストな発酵食品です。

韓国は北と南では気候も風土も変わり、韓国全土で全て同じ料理や味付けという訳ではありません。それぞれの地方で少しずつ調理法や味付けなどが変わるところは日本の郷土料理と同様です。その土地の気候、風土の畑で育つ食材の違い、海や山が多いか少ないかによって独自の料理が生まれています。本書は韓国各地の料理や普段はあまり見た事のない料理も紹介しています。

この本の構成は、「肉・魚料理」をメイン料理として、韓国料理らしい「スープ・鍋料理」「ご飯と麺」「ジョン・ナムル」キムチをはじめとする「保存食」そして素朴ながらも華やかな「デザート・ドリンク」に分けています。それぞれの料理がどこの地方で生まれ食べられているかをわかりやすく地図で示しているので、その地方の特徴を思い浮かべてみるといいのではないでしょうか。

薬（医）食同源が考えの根底にある韓国料理、健康を保つために作り食べるとさらに興味深く感じると思います。焼肉やキムチ、チヂミといったポピュラーな料理から各地域特有の隠れた逸品まで、幅広い魅力の韓国料理の美食世界をご紹介しましょう。

第 1 章

肉・魚料理

韓国料理といえば、肉料理のイメージがあると思いますが、
周囲は海に囲まれているので、魚介類を使っているものも多く、
食のバラエティーは豊かです。
ここでは、肉や魚介類を使ったメインのおかずをご紹介します。

서울식불고기

서울식 불고기

ソウルシクプルコギ

ソウル式プルコギ

タレに漬けこんだ薄切り肉を網で焼いた「ノビアニ」が原点といわれるプルコギ。
「プル」は火、「コギ」は肉という意味で火で炙った肉の事で、
日本のすき焼きにも似た甘めの味付け。
ソウル式のプルコギは具材にタンミョンを入れたり、汁気が多いのが特徴。

材料（2人分）

牛薄切り肉 …… 100g
タンミョン（韓国春雨）…… 15g
生シイタケ …… 1個
ニンジン …… 20g
エリンギ …… 1本
玉ネギ …… 1/8個
長ネギ …… 5cm
水 …… 200㎖
ゴマ油 …… 少々
小ネギ …… 少々

＜ヤンニョム（合わせ調味料）＞
ナシのすりおろし …… 40g
玉ネギのすりおろし …… 1/8個分（25g）
醤油 …… 大さじ2弱（約35g）
酒 …… 大さじ1
韓国水アメ …… 小さじ2
砂糖 …… 小さじ1
長ネギのみじん切り …… 小さじ1
ニンニクのみじん切り …… 小さじ1/2
コショウ …… 少々

作り方

1 **ヤンニョム**の材料を混ぜて**ヤンニョム**を作り、牛肉は少し大きめに切っておく。タンミョンは水に浸して柔らかくしておく。シイタケとニンジンは細切りにし、エリンギは手で割く。玉ネギは1～2㎝幅のくし形に切り、長ネギは斜め薄切りにする。

2 鍋に、野菜、キノコ類、水を切ったタンミョン、牛肉を入れ、**ヤンニョム**と水を加えて5分煮る。

3 好みでゴマ油を少々ふり、適宜に切った小ネギを散らして仕上げる。

ヤンニョムとは、韓国料理で使う合わせ調味料。材料と和える、材料をもみ込む、混ぜる、かける、最後に料理をつけて食べるなど、様々な使い方をする。また、あえる、混ぜるなどの料理法で**ヤンニョム**するともいう。

ひと言
ナシの甘さによって味が変わるので、ナシの量は好みで調整しましょう。

タンミョンはあらかじめ水に浸して柔らかくして、スープを吸わないようにする。また、ゆで時間が短くても中まで火が通る。

닭갈비

タッカルビ

タッカルビ

現在は韓国のどの地域でも食べられている料理だが、江原道・春川で1960年ごろ生まれた料理だと言われている。タッカルビの「タッ」は鶏。鶏肉を甘辛いタレで絡め、炒めて食べる料理だが、最後に残ったヤンニョムの中に、ご飯を入れて食べるとおいしい。食べる時は風味のある海苔をかけるとよい。

江原道

材料（4〜6人分）

鶏モモ肉 …… 500g	エゴマの葉 …… 約10枚	酒 …… 大さじ2
<下味>	<ヤンニョム>	おろし玉ネギ …… 大さじ2
塩・コショウ …… 各少々	コチュカル（粉唐辛子） …… 大さじ1	ショウガ汁 …… 小さじ2
酒 …… 小さじ1	コチュジャン …… 大さじ4	味醂 …… 大さじ1
トック …… 150g	砂糖 …… 大さじ1	水アメ …… 大さじ2
キャベツ …… 100g	テンジャン（味噌） …… 小さじ1	白スリゴマ …… 小さじ2
サツマイモ …… 150g	醤油 …… 大さじ3	ゴマ油 …… 小さじ2
ニンジン …… 80g	ニンニクのみじん切り …… 大さじ1	コショウ …… 少々
玉ネギ …… 200g	長ネギのみじん切り …… 大さじ3	

作り方

1. 鶏肉は食べやすい大きさに切って下味を付ける。
2. ボウルに**ヤンニョム**を合わせて作り、その中に鶏肉を入れて30分漬け込む。
3. サツマイモは4cm長さの拍子木切りにして水に浸し、5分蒸す（または500Wの電子レンジで約3分、完全に柔らかくならない程度に加熱する）。トックはサッとゆでておく。ニンジンは4cm長さの短冊切り、玉ネギは半分に切って繊維に直角に1cm幅に切り、エゴマの葉も1cm幅に切る。キャベツは一口大に切る。
4. フライパンにサラダ油をひき、**ヤンニョム**を残して鶏肉と玉ネギを炒める。火が半分程通ったら、サツマイモ、ニンジン、トックを入れ、残した**ヤンニョム**を入れる。仕上げにキャベツとエゴマを入れてしんなりしたら出来上がり。

ひと言

ここで使った韓国産の水あめは、日本の水あめよりはとろみがあり、韓国料理ではやさしい甘みを出したり、照りや粘度を付けるために様々な料理に使用される調味料。日本の韓国スーパーなどで購入可能だが、代用品としては日本のオリゴ糖シロップなどが適している。

치즈닭갈비

チーズタッカルビ

チーズタッカルビ

ほぼ火が通った状態のタッカルビにチーズをのせて、チーズが溶けたら食べる料理。タッカルビにチーズを加える事で辛味がまろやかになって食べやすくなる。

材料（4〜6人分）

タッカルビと同様
モッツアレラチーズ、チェダーチーズ …… 各80g

作り方

1. タッカルビと同じ要領で作る。
2. 煮上がったら真ん中を開け、スペースを取ったところにチーズを入れて煮込む。チーズが溶けたらタッカルビを絡めて食べる。チーズや具材が焦げないように火加減は調整を。

돼지고기수육

돼지고기수육

テジコギスユッ

ゆで豚

豚肉を塊のままゆでて薄切りにして食べる料理。
店でも家庭でもよく作るが、漬けたての白菜キムチとの相性がよく、
キムチを漬けた日に必ずと言っていいほど作る。全国的に作られているが、
済州島では「トムベゴギ」といって、
まな板に切ったゆで豚を直接盛り付けて出すものもある。

材料(4人分)

豚肉(バラ・肩ロースなどの塊)
　…… 500〜600g
長ネギの青い部分 …… 1本分
粒黒コショウ …… 10粒
ニンニク …… 2片
テンジャン(韓国味噌)…… 大さじ1
サンチュ、エゴマの葉、キムチ、セウジョッ
　(アミの塩辛)など …… 適量

作り方

1　豚肉は塊のまま鍋に入れ、豚肉がかぶる位の水を注ぐ。長ネギの青い部分、粒黒コショウ、潰したニンニク、テンジャンを入れて火にかけ、沸騰したら火を少し弱めて45分煮る。
2　豚肉が煮えたら、火を止めて触れるくらいの温度になるまでそのまま鍋の中で冷ます。
3　豚肉を取り出し、4〜5mm程の薄切りにし、器に盛り付ける。
4　サンチュやエゴマの葉、キムチを添えて、一緒に包んで食べる。セウジョッをゆで豚につけて食べてもよい。

잡채

잡채

チャプチェ

チャプチェ

「チャプチェ」は雑菜と言う意味で、祝いの席や年中行事などには欠かせない料理。最初は数種の野菜だけで作っていたが、その後、肉やサツマイモのでんぷんで作った韓国春雨も混ぜるようになった。宮中で王様も召し上がっていた歴史のある料理と言われている。

材料（2～3人分）

- タンミョン（韓国春雨） …… 80g
- 牛薄切り肉 …… 100g
- 干しシイタケ（水で戻す） …… 2枚
- ホウレン草 …… 50g
- 玉ネギ …… 100g
- ニンジン …… 50g
- 卵 …… 1個
- サラダ油 …… 適量

＜牛肉のヤンニョム＞
- 醤油 …… 大さじ2
- 砂糖 …… 大さじ1
- 長ネギのみじん切り …… 小さじ2
- ニンニクのみじん切り …… 小さじ1
- ゴマ油 …… 小さじ2
- スリゴマ …… 小さじ1
- コショウ …… 少々

＜タンミョンヤンニョム＞
- 醤油 …… 大さじ1/2
- 砂糖 …… 大さじ1/2
- ゴマ油 …… 小さじ1
- コショウ …… 少々

作り方

1. ホウレン草はサッとゆで、水けを絞ってゴマ油と塩で味付けする。玉ネギは薄切りにし、サラダ油と塩、コショウで炒めておく。ニンジンはせん切りにし、サラダ油と塩、コショウで炒めておく。卵は卵黄と卵白に分けてフライパンで薄く焼き、せん切りにしておく。
2. 牛肉は食べやすい大きさに切って、水で戻した干しシイタケは軸を取り、細切りにする。**ヤンニョム**は合わせておく。
3. 牛肉は**ヤンニョム**してフライパンで炒め、火が通ったらシイタケも入れて炒め、あえる。
4. タンミョンは洗って柔らかくなるまで6～7分ゆで、ザルにとって水けを切り、合わせた**タンミョンヤンニョム**であえる。ハサミで食べやすい大きさに切っておく。
5. 全ての材料をよく混ぜ合わせ、上から卵を飾る。

◆ タンミョン

サツマイモやジャガイモのでんぷんで作られた韓国の春雨。緑豆春雨より太い春雨で、ムッチリとした弾力ある食感が特徴。チャプチェの他、スープや鍋料理など様々な料理に使う。

칠미탕

갈비찜

カルビチム

骨付き牛肉の煮物

韓国の代表的な料理で、朝鮮時代から既に作られていた歴史がある。
時間をかけて煮込む肉料理は、家族の集まり、名節、
特別な日の食卓に準備される事が多く、韓国では誰もが好きな料理の一つ。

材料（6人分）

牛骨付きカルビ …… 1kg
大根 …… 200g
ニンジン …… 150g
干しシイタケ（水で戻す）…… 5枚
栗 …… 5個
ギンナン …… 10個
乾燥ナツメ …… 5個
A
　長ネギの青い部分 …… 1本分
　ニンニク …… 3片
　粒黒コショウ …… 小さじ1/2

＜ヤンニョム＞
醤油 …… 大さじ4
梨のすりおろし汁 …… 大さじ4（汁のみ）
砂糖 …… 大さじ2
長ネギのみじん切り …… 大さじ2
ニンニクのみじん切り …… 大さじ1
ゴマ油 …… 大さじ1
酒 …… 大さじ1
白スリゴマ …… 大さじ1/2
コショウ …… 少々

大根とニンジンは下ゆでしておく。

ナツメは縦に持ち、種を除くようにぐるりとかつらむきの容量でむいていく。

カルビに味が付いてきたら、切った野菜を入れ、残りのヤンニョムを入れる。

カルビをゆでたゆで汁を様子を見て加えていく。

作り方

1 カルビは骨と骨の間に包丁を入れて切り、30～40分程水に浸して血抜きする。
2 鍋に下ごしらえをしたカルビを入れ、カルビが浸る程度の水を入れ、ゆでこぼす。一度カルビを洗ったら、鍋に戻し入れ、かぶるくらいの水とカルビをゆでる**A**の材料を加えて1時間煮る。
3 カルビを取り出し、脂身を取り除いて切り込みを入れておく。ゆで汁は冷まして脂を取り除く。
4 **ヤンニョム**の材料を混ぜ合わせる。
5 カルビと4の**ヤンニョム**2/3を鍋に入れてよく混ぜ、5分程度おいてゆで汁2カップと共に20分程度煮こむ。
6 大根とニンジンは3～4cmの輪切りにして皮をむく。大根は2～4等分、ニンジンは2等分にして面取りし、共に下ゆでする。
7 干しシイタケは半分に削ぎ切りにし、栗は皮をむき、ギンナンは殻と薄皮を取り除く。ナツメは種を除くように縦にかつらむきにする。
8 5に6と7の材料を入れ、残りの**ヤンニョム**と3のゆで汁を入れ弱火で煮込む。ゆで汁は全部入れずに様子を見ながら足すとよい。

구절판

구절판

クジョルパン

九節板

クジョルパンとは料理の名前であり、九つの仕切りがある八角形の容器の名前でもある。元々は宮廷や貴族の歳時料理として親しまれていたもので、現代では高級な伝統料理店や宮中料理専門店などでコース料理の最初に登場する。

材料（4人分）

<ミルジョンピョン（包む皮）20枚程度>
- 小麦粉 …… 1カップ
- 水 …… 150〜200㎖
- 塩 …… 小さじ1/4
- サラダ油 …… 適量

<具材8種類>
- 牛薄切り肉 …… 80g
- シイタケ …… 4枚
- キュウリ …… 1本
- ニンジン …… 60g
- モヤシ …… 70g
- エビ …… 5尾
- 卵白 …… 3個分
- 卵黄 …… 3個分

<ヤンニョム>
- 醤油 …… 大さじ1
- 砂糖 …… 大さじ1/2
- 長ネギのみじん切り …… 小さじ2
- ニンニクのみじん切り …… 小さじ1
- ゴマ油・スリゴマ …… 小さじ2
- コショウ …… 少々

<辛子ソース（食べる時のソース）…… 作りやすい分量>
- 醤油 …… 大さじ1
- 酢 …… 大さじ1
- 砂糖 …… 小さじ1/2
- 辛子 …… 小さじ1/2

作り方

1. ミルジョンピョンを作る。小麦粉に塩、水、サラダ油少々を入れてよく混ぜ合わせ10分程寝かせる。フライパンにサラダ油少々をひいて余分な油を拭き取り、スッカラ（大さじでもよい）1杯分の生地をスプーンの背で丸く円をかきながら薄く伸ばして弱火で焦がさないように両面焼く。
2. 牛肉とせん切りにしたシイタケを別々に**ヤンニョム**して、フライパンで別々に炒める。牛肉は焼いてから細切りにする。
3. キュウリは4〜5㎝長さに切ってかつらむきにして種の部分を除いてからせん切りにする。塩をふりしんなりしたら水けを絞ってサラダ油をひいたフライパンで軽く炒める。
4. ニンジンは皮をむいてせん切りにし、キュウリと同じように塩をして水けを絞って炒める。
5. モヤシはひげ根を取ってサッとゆで、ゴマ油と塩（分量外）で軽くあえる。
6. エビは背ワタを取って、酒と塩（分量外）を入れた熱湯でゆで、殻をむいて横半分に切り、ゴマ油と塩であえる。
7. 卵は卵白と卵黄に分け、それぞれしっかり溶いて塩を入れ、フライパンで薄く焼いてせん切りにする。
8. 九節板（器）の中央に1のミルジョンピョン（包む皮）を入れ、周りに8種（2〜7）の具を彩りよく盛る。
9. 食べる時はミルジョンピョンで好みの具、数種を巻き、辛子ソースを付ける。

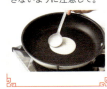

ミルジョンピョンは、油をひいたフライパンを弱火にかけ、スッカラ1杯分の生地を、スッカラの背で丸く円をかきながら薄く伸ばして焼く。焦がさないように注意して。

1 肉・魚料理　クジョルパン

41

ソウル

궁중떡볶이

クンジュントッポッキ

醤油ベースのトッポッキ

その名の通り、宮廷や両班の家で食べられていた貴い料理として
宮中トッポッキという名前が付いたもの。
コチュジャンの代わりに醤油で味付けをするため、
カンジャントッポッキ（醤油トッポッキ）とも言われている。

材料（4人分）

トッポッキ …… 160g
牛薄切り肉 …… 70g
干しシイタケ（水で戻す）…… 2枚
モヤシ …… 70g
ニンジン …… 30g
キュウリ …… 30g
玉ネギ …… 30g
卵 …… 1個
サラダ油 …… 適量

＜牛肉と干しシイタケのヤンニョム＞
醤油 …… 大さじ1
砂糖 …… 大さじ1/2
ゴマ油 …… 小さじ1
白スリゴマ …… 小さじ1
酒 …… 小さじ1
長ネギのみじん切り …… 小さじ1
ニンニクのみじん切り …… 小さじ1/2
コショウ …… 少々

作り方

1　水で戻した干しシイタケは、石づきを取って細切りにし、牛肉も食べやすい大きさに切る。
2　**ヤンニョム**を合わせ、1のシイタケと牛肉を漬け込む。
3　玉ネギは薄切り、キュウリはかつらむきにして種の部分を取り除き、せん切りにする。ニンジンは皮をむいて薄切りにし、せん切りにする。サラダ油をひいたフライパンで、玉ネギ、キュウリ、ニンジンの順番でそれぞれ炒め、塩、コショウで軽く味をつけ、バットに広げる。
4　モヤシはひげ根を取り除き、サッとゆでて塩とゴマ油であえておく。
5　卵を白身と黄身に分けて薄焼きにし、細く切っておく。
6　トッポッキは洗って沸騰した湯で3分程ゆで、柔らかくしておく。
7　フライパンにサラダ油を薄くひいて牛肉と干しシイタケを炒め、トッポッキを加える。火を止めて、準備しておいた野菜を混ぜ、分量外のイリゴマとコショウをふって器に盛り付ける。
8　5の卵の細切りを飾る。

쇠고기산적

セコギサンジョク

牛肉の串焼き

串焼きは、韓国の名節など特別な日の料理。
「セコギ」は牛肉の事だが牛肉以外でも「サンジョク」は餅や野菜など様々な食材で作る、宮廷料理の一つでもある。本来は、牛モモ肉などを厚み0.5cm程度に切って焼いて作っている。

材料（8本分）

牛モモ薄切り肉 …… 200g
エリンギ …… 1〜2本
ワケギ …… 1〜2本
＜ヤンニョム＞
　醤油 …… 大さじ1
　砂糖 …… 大さじ1/2
　酒 …… 大さじ1/2
　味醂 …… 小さじ1
　スリゴマ …… 小さじ1
　おろしニンニク …… 小さじ1/2
　長ネギのみじん切り …… 小さじ1
　ハチミツ …… 小さじ1/4
　コショウ …… 少々

作り方

1　牛肉はクルクル巻いて6cmくらいの長さにする。
2　エリンギとワケギも牛肉と同じ長さに切る。
3　1の材料を串に刺し、**ヤンニョム**を絡めて、ゴマ油をひいたフライパンで両面ゆっくり焼く。

떡갈비구이

トッカルビクイ

韓国式ハンバーグ

全羅南道潭陽郡と光州広域市のトッカルビ通りがある松汀洞が有名で、どちらが元祖なのかは諸説ある。元々は宮中で食されていたものが伝わったとされている。
骨からはずしたカルビを、一度叩いて粗くした肉に再び骨を付けて共に焼くが、骨に見立てて餅を使う事もある。

全羅道

材料（2〜3人分）

牛カルビ肉（焼き肉用）…… 200g
トッポッキ用餅 …… 6本
＜肉のヤンニョム＞
　醤油 …… 大さじ1
　梨汁 …… 小さじ2
　砂糖 …… 小さじ2
　長ネギのみじん切り …… 小さじ2
　ニンニクのみじん切り
　　…… 小さじ1
　すりゴマ …… 小さじ1
　ゴマ油 …… 小さじ1
　ハチミツ …… 小さじ1/2
　塩、コショウ …… 各少々

作り方

1　カルビは叩いてみじん切りにし、白い脂が目立つ部分は取り除いて**ヤンニョム**をしたら粘りが出るまでよく混ぜておく。
2　トッポッキ用の餅は2〜3分下ゆでして水にとって冷ます。
3　1の肉を6等分して広げ、それぞれ軽く片栗粉をまぶした餅を包む。
4　200℃に予熱したオーブンで12〜3分程、焼く。

안동찜닭

안동찜닭

アンドンチムタク

慶尚道

安東地方の鶏の甘辛煮

慶尚北道の安東地区で誕生した辛い鶏料理。
安東地区の旧市場にチムタクを専門に出す店の通りがあり、
安東チムタク通りと呼ばれる。
2000年初頭にブームが来て安東から全国に広まった。

材料（4〜6人分）

鶏肉（手羽先＆モモ肉など）
　　…… 800ｇ程度
ジャガイモ …… 中3個
玉ネギ …… 中1個
ニンジン …… 小2本
長ネギ …… 1本
ニンニク …… 2片
赤唐辛子 …… 3本
タンミョン …… 50ｇ
茹で卵 …… 2個
ゴマ油 …… 大さじ1
サラダ油 …… 大さじ1

＜ヤンニョム＞
醤油 …… 90㎖
酒 …… 50㎖
味醂 …… 50㎖
水アメ …… 大さじ2
砂糖 …… 大さじ1
長ネギ …… 7〜8㎝
ニンニク …… 4片
ショウガのスライス …… 2枚
粒コショウ …… 小さじ1/2程度
リンゴ …… 1/6個（皮ごとザク切り）
鷹の爪 …… 3本
水 …… 500㎖

タンミョンは調理する1〜2時間前に水に浸しておく。

ヤンニョムの材料を鍋に入れ、蓋をせずに10分煮る。

鍋の中身をザルで濾し、汁をとっておく。

作り方

1　調理する1〜2時間前にタンミョンを水に浸しておく。玉ネギはくし形に切り、ジャガイモとニンジンは皮をむいて1㎝幅、長ネギは斜めに薄切りにしておく。
2　**ヤンニョム**の材料を鍋に入れ、中火弱で10分煮る（ニンニクは潰して入れる）。その後ザルで濾して液体だけにしておく（約600㎖）。
3　フライパンに潰したニンニクと赤唐辛子2本、ゴマ油とサラダ油を入れてよく熱し、鶏肉を焼き色がつくまで炒めたら、玉ねぎも入れてしんなりしたらゆで卵とヤンニョムを400㎖入れ、落し蓋をし、最初は中火で沸騰したら弱火にして10分程度煮る。
4　ジャガイモ、ニンジン、長ネギと残りのヤンニョム200㎖も入れて更に10分煮る。
5　ジャガイモやニンジンが柔らかくなったのを確認し、水で戻してハサミで切ったタンミョンと赤唐辛子をさらに1本入れる。
6　タンミョンが鍋底につかないように注意しながら柔らかくなるまで炒める。

고등어 김치조림

고등어 김치조림

コドゥンオキムチジョリム

サバのキムチ煮込み

家庭料理を代表する魚料理。
青魚のクセを抑えて味に深みを出すため、
使用する白菜キムチは必ず発酵したものを使う事。
共に煮こむ大根にも味が浸みてご飯にピッタリなおかずになる。

材料（2人分）

サバ …… 1/2尾
大根 …… 150g
白菜キムチ …… 150g
ニラ …… 30g
イリコと昆布出汁 …… 1カップ
塩 …… 適量
味醂 …… 大さじ1

＜ヤンニョム＞
酒 …… 大さじ2
醤油 …… 大さじ1・1/2
味醂 …… 大さじ1強
長ネギのみじん切り …… 大さじ1
ニンニクのみじん切り …… 大さじ1/2
コチュカル（粉唐辛子）…… 大さじ1/2
テンジャン（韓国味噌）…… 大さじ1/2
砂糖 …… 小さじ1/2
コショウ …… 少々

作り方

1 サバは2～3等分にして皮目に切り込みを入れて塩を両面ふり、30分置いたらキッチンペーパーで水気を取っておく。
2 大根は1㎝幅に切って皮をむき、やわらかく下ゆでする。キムチは食べやすい大きさに切り、ニラは5㎝に切る。
3 **ヤンニョム**の材料を混ぜ合わせておく。
4 鍋に大根を入れてその上にサバをのせ、**ヤンニョム**をかける。その上にキムチをのせて、鍋肌から出汁を注いで中火で煮る。
5 4が煮立ってきたら火を少し弱め、グツグツした状態を保ちながらときどき煮汁をかけ、20分程煮る。
6 味醂を回しかけ、煮汁が少し残る程度で火を止める。
7 器に盛り付け、残った煮汁にニラを入れて中火にかけ、しんなりしたら煮汁ごと盛り付ける。

만두국

マンドゥクッ

スープ餃子

「マンドゥ(餃子)」は中国から渡ってきたと言われている料理で、韓国では寒い冬になくてはならないスープ料理の一つになっている。
特に餅を入れて作るトックッ同様、マンドゥクッもソルラル(お正月)に家族で食べる料理。
マンドゥクッの中に餅を入れる場合もある。

材料(約3〜4人分)

- 牛スープ(または牛骨スープ) …… 4カップ
- 餃子の皮(9cm位の大判) …… 16枚
- 豚ひき肉 …… 100g
- モヤシ …… 100g
- タンミョン …… 10g
- 木綿豆腐 …… 80g
- ニラ …… 20g
- 干しシイタケ(水で戻す) …… 2枚

<マンドゥ具材ヤンニョム>
- 醤油 …… 大さじ1
- 長ネギのみじん切り …… 大さじ1・1/2
- ゴマ油 …… 大さじ1
- 片栗粉 …… 小さじ1
- ニンニクのみじん切り …… 小さじ2/3
- 白イリゴマ …… 小さじ1/2
- 生姜汁 …… 小さじ1/2
- 塩、コショウ …… 各少々

作り方

1. 豚ひき肉にヤンニョムする。
2. 豆腐はキッチンペーパーに包み、水切りしてなめらかになるまで潰しておく。
3. ひげ根を取ったモヤシとタンミョンはそれぞれゆでて水にとり、小さく刻んで水けをきる。ニラは小口切りにしておく。
4. 水で戻した干しシイタケはしっかり絞り、石づきを取ってみじん切りにする。
5. 1、2、3、4を全て合わせてよく混ぜ、生地で包む。
6. 準備した牛スープにマンドゥを入れて中火で煮る。

牛スープの取り方

材料

牛スネ肉 …… 350g	大根 …… 2㎝
水 …… 1.5ℓ	ニンニク …… 2片
長ネギ …… 5㎝	薄口醤油 …… 適量
玉ネギ …… 1/4個	塩、コショウ …… 各少々

作り方
1 鍋に牛スネ肉と水1.5を入れて強火で煮る。沸騰したら灰汁を取り除き、弱火にして1時間半程煮る。
2 肉を取り出し、長ネギ、玉ネギ、大根、ニンニクを入れて15分程煮込む。
3 2のスープを漉し、4カップに対し薄口醤油小さじ1と塩、コショウを少々入れて味を調える。

マンドゥの包み方

1 材料を用意する。

2 スッカラ1杯分程を生地にのせる。

3 生地の周りに水を付ける。

4 半分に折り、頂点部分を合わせてくっ付ける。

5 周り全体を押して付ける。

6 真ん中あたりを指で押すようにして膨らませる。

7 裏に向けて端と端が合わさるように曲げる。

8 丸く形作れたら出来上がり。

굴비구이

クルビクイ

塩漬けグチの焼き物

グチを塩漬けして乾かしたもの。グチは漢字で「助気」と書き「チョギ」と読む。味がよく栄養価が高く気運を助長する事から「助気」と呼ばれる。グチの盛漁期は春〜夏にかけて。全羅道の霊光地方で水揚げ加工されるグチが有名で、加工すると「クルビ」という名前に変わる。

材料（2人分）

クルビ（干したグチ）…… 2尾
小麦粉 …… 大さじ1
サラダ油 …… 適量

作り方

1　クルビは小麦粉を薄くまぶしておく。
2　フライパンにサラダ油をひき、盛り付けるときに表にする方からクルビを焼く。
3　両面こんがり色よく焼く。
＊ 小麦粉を使わなくてもよく、魚グリルでそのまま焼いても良い。

◆ クルビ

全羅南道の霊光（ヨングァン）郡がクルビの名産地。クルビは、イシモチ（シログチ）を塩漬けして干したもの。イシモチは、加工前は「チョギ」といい、加工後はクルビと呼ぶ。

김치만두

キムチマンドゥ

キムチ餃子

路面店のマンドゥの専門店やスーパーの冷凍食品コーナーにも数多く販売されている定番の味。

材料（16個分）

豚ひき肉 …… 130g
キムチ …… 130g
モヤシ …… 60g
タンミョン（韓国春雨）…… 5g
木綿豆腐 …… 60g
ニラ …… 10g
干しシイタケ（水で戻す）
　…… 1枚
餃子の皮（9cm位の大判）
　…… 16枚

<豚肉のヤンニョム>
醤油 …… 小さじ2
ゴマ油 …… 小さじ1
塩 …… 小さじ1/4
白イリゴマ …… 小さじ1/4
コショウ …… 少々

<ヤンニョムジャン>
醤油、酢 …… 各大さじ1
コチュカル（粉唐辛子）…… 適量
長ネギのみじん切り …… 少々
ニンニクのみじん切り …… 少々
白イリゴマ …… 少々

作り方

1　P.50のマンドゥックの作り方1〜4と同様にする。

2　キムチはみじん切りにし、1と共に混ぜてタネを作る。

3　餃子の皮は外側の部分を綿棒で伸ばし、真ん中に25g程のタネを入れる。P.51を参照し、マンドゥを包んで形を作る。

4　湯気が上がっている蒸し器で、包んだマンドゥを10〜12分蒸す。**ヤンニョムジャン**を添える。

두부구이

トゥブクイ

焼き豆腐

「トゥブ」が豆腐、「クイ」が焼くという意味で、家庭で作るおかずの一つ。
全国的に作られていて、ゴマ油やエゴマ油を使って焼くのが特徴。

材料

木綿豆腐 …… 1丁
エゴマ油 …… 適量
塩 …… 少々
＜ヤンニョムジャン＞
　醤油 …… 大さじ1
　ゴマ油 …… 小さじ1/2
　コチュカル（粉唐辛子）
　　…… 小さじ1/4
　白イリゴマ …… 小さじ1/4
　青唐辛子のみじん切り
　　…… 1/3本分
　ニンニクのみじん切り …… 少々

作り方

1 豆腐は1cmの厚さに切り揃え、キッチンペーパーを敷いたバットに並べ、両面塩をふって30分置く。
2 フライパンにエゴマ油をひいて温め、豆腐を入れたら、5分程かけて豆腐の表面が黄色くなるまで弱火でゆっくり焼く。
3 器に盛り付け、合わせた**ヤンニョムジャン**を添え、かけて食べる。

ひと言
とにかく豆腐をゆっくり焼く事がポイントです。

두부선

トゥブソン

豆腐の膳

豆腐をなめらかにつぶしてから元の形に戻し、蒸す料理で、宮中料理の流れを汲んだ調理法。混ぜる肉は、火を通した時に色がつかない鶏肉を使うのがポイント。

材料（15×11cmの流し型1個分）

木綿豆腐 …… 300g
鶏ひき肉 …… 50g
干しシイタケ（水で戻す）…… 中1枚
ミツバ、卵 …… 各適量
ゴマ油 …… 適量
<ヤンニョムA>
　塩 …… 小さじ1弱
　砂糖 …… 小さじ1
　長ネギのみじん切り
　　…… 小さじ2
　ニンニクのみじん切り
　　…… 小さじ1
　ショウガ汁 …… 小さじ1/2
　白イリゴマ …… 小さじ1
　コショウ …… 少々
<ヤンニョムB>
　辛子酢（酢に好みの
　　分量の辛子を混ぜる）
　　…… 大さじ1
　砂糖 …… 大さじ1/2
　醤油 …… 小さじ1
　塩 …… 少々

作り方

1 木綿豆腐は布巾かキッチンペーパーで包んで重石をして水切りし、包丁でなめらかにつぶしておく。
2 干しシイタケはみじん切りにする。
3 ボウルにヤンニョムAの材料を混ぜ合わせ、鶏ひき肉、豆腐、干しシイタケを加えてヤンニョムし、薄くゴマ油を塗った流し型に入れて形を整える。湯気が上がった蒸し器に型を入れて10分蒸す。
4 卵は卵黄と卵白に分けて薄く焼き、せん切りにする。
5 3を食べやすい大きさに切ってミツバ、4の卵を飾る。
6 ヤンニョムBを混ぜ合わせ、5に付けて食べる。

애호박새우젓볶음

エホバッセウジョッポックム

韓国カボチャの炒め物

「エホバッ」は、成長過程でまだ種が未成熟の状態で収穫したカボチャ。
特に北の地方で多く食べられる。皮も柔らかくクセのない味なので、
あらゆる料理に使われるが、アミの塩辛で炒めると独特な味の定番おかずになる。

材料（2人分）

エホバッ（韓国カボチャ）…… 1/3本
（100～120g）
玉ネギ …… 15～20g
セウジョッ（アミエビ）…… 小さじ1
エゴマ油 …… 適量
コショウ …… 少々
ニンニクのみじん切り
　　…… 小さじ1/2

作り方

1　エホバッは縦半分に切って薄切りにし、玉ネギも半分にして繊維に沿ってスライスしておく。
2　フライパンにエゴマ油をひいてニンニクのみじん切りを入れて熱し、香りが出たところでエホバッと玉ネギを加えて炒め、しんなりしたところでセウジョッとコショウを入れる。

감자조림

カムジャジョリム

ジャガイモの甘辛煮

韓国はジャガイモを使ったおかずは各地で食べられているが、江原道がジャガイモの産地なので北の地方でよく食べる料理。これは唐辛子と砂糖とともに煮込んだしっかりした味がポイント。小さな新ジャガは、皮をむかずそのまま煮込むとおいしい。

材料

- ジャガイモ …… 200〜250g
- カエリイリコ …… 5〜7g
- 昆布出汁 …… 150㎖
- サラダ油 …… 適量
- 韓国水アメ …… 小さじ2程度
- <ヤンニョム>
  - 醤油 …… 大さじ2
  - 砂糖 …… 大さじ2
  - 酒 …… 小さじ2
  - 味醂 …… 小さじ1
  - コチュカル(粉唐辛子) …… 小さじ1/2
  - ニンニクのみじん切り …… 小さじ1弱

作り方

1. ボウルにヤンニョムの材料を混ぜ合わせておく。
2. ジャガイモは洗って皮をむき、食べやすい大きさに切ってサラダ油でよく炒める。
3. 昆布出汁を注いで**ヤンニョム**を入れ、落し蓋をして煮汁が半分くらいになるまで中火で10分程煮る。
4. 落し蓋を取ってカエリイリコを入れ、さらに3分程煮て、煮汁が8割なくなったら最後に水アメを回しかけて汁けを少し飛ばす。

가지선

カジソン

ナスの膳

夏から秋の旬のナスを 使い、相性の良い牛肉と合わせた蒸し料理。
ソン（膳）は植物性のものを使い、その中に詰めものをして、蒸すか蒸し煮にしたものの事。

材料（2人分）

ナス …… 2本（約150g）
牛ひき肉 …… 30g
干しシイタケ（水で戻す）
　　　…… 1枚
卵 …… 1個
片栗粉 …… 少々
昆布出汁 …… 60㎖
薄口醤油 …… 小さじ1
味醂 …… 小さじ2
塩、ゴマ油 …… 各少々
飾りの糸唐辛子や松の実
　　　…… 適量

＜ヤンニョム＞
醤油 …… 小さじ2/3
砂糖、酒
　　　…… 各小さじ1/2
長ネギのみじん切り
　　　…… 小さじ1/2
ニンニクのみじん切り、
　　コショウ …… 各少々

作り方

1　ナスはヘタを落とし、縦半分に切って2等分にし、表面に切り込みを2〜3カ所入れて水に浸す。卵は黄身と白身に分け、それぞれ塩を加えて薄焼きにし、せん切りにしておく。

2　ボウルに**ヤンニョム**の材料を混ぜ合わせておく。

3　ボウルに牛ひき肉を入れ、**ヤンニョム**を揉み込んでおく。戻した干しシイタケはみじん切りにする。

4　フライパンにゴマ油少々をひき、3の牛ひき肉と干しシイタケを、ゴマ油で炒め合わせる。

5　ナスの切り込みに、4を詰めて片栗粉を薄くふりかけ、薄口醤油と味醂で味を付けた出汁の中で8分程蒸す（途中、出汁をナスにかけながら蒸すとよい）。

6　蒸しあがったナスは出汁と共に器に盛り付け、黄身と白身のせん切りを飾り、あれば糸唐辛子や松の実を飾る。

도토리묵무침

トトリムッムッチム

ドングリ寒天のあえ物

「トトリ」はどんぐり、「ムク」は寒天に似た澱粉で固めたものの事。忠清南道の「板橋」が有名な場所である。ムクはどんぐりの他に蕎麦や緑豆などもあり、韓国全土で食べられている。

忠清道

材料

トトリムッ（どんぐり寒天） …… 400g
サンチュ …… 4～5枚
キュウリ …… 1/2本
ニンジン …… 1/4本
玉ネギ …… 1/3個
韓国海苔 …… 大2枚
＜トトリムッヤンニョム＞
　醤油、塩、ゴマ油 …… 各少々
＜ヤンニョム＞
　醤油 …… 大さじ2
　砂糖、ゴマ油 …… 各大さじ1
　ニンニク、長ネギのみじん切り …… 各小さじ1
　白イリゴマ、コチュカル（唐辛子）
　…… 各小さじ1

作り方

1　トトリムッは2cm角に切り、醤油、塩、ゴマ油少々で**ヤンニョム**する。
2　サンチュと韓国海苔は食べやすい大きさに手でちぎっておく。
3　キュウリは縦半分に切って斜め薄切りにする。玉ネギは薄切りにして水にさらし、ニンジンも薄切りにしておく。
4　すべての材料と**ヤンニョム**をボウルに入れて手でさっくり混ぜ合わせる。

◆ **トトリムッ**
トトリムッは、ドングリを寒天に似た澱粉で固めたもの。

トトリムッを切る時は、波型の包丁で切るのが特徴。

오이생채

オイセンチェ

キュウリの生菜

家庭のミッパンチャン（常備菜）の一つとして作るおかずで、
「オイ」はキュウリ、「センチェ（生菜）」は生のあえ物という意味。
キムチほど手がかからず、簡単に作れて、大根や玉ネギなどと合わせてもおいしくできる。

材料（4人分）

キュウリ …… 2〜3本
水 …… 1カップ
塩 …… 小さじ1で塩漬け
＜ヤンニョム＞
　長ネギのみじん切り …… 小さじ1
　ニンニクのみじん切り
　　…… 小さじ1/2
　白イリゴマ …… 小さじ1
　醤油 …… 大さじ1
　酢 …… 大さじ2
　コチュカル（粉唐辛子）
　　…… 小さじ1

作り方

1 キュウリは縦半分に切り、スプーンで種を軽く取って1cm程度の斜め切りにし、分量の水に塩を入れ、少し曲がるまで塩漬けする。
2 1のキュウリはキッチンペーパーでしっかり水けを拭く。
3 ヤンニョムを合わせて2をあえる。

배생채

ペセンチェ

梨の生菜

梨を使ったサラダ。梨だけでもよいが、サッとあえて食べる生菜は、
生で食べられる野菜ならばなんでもよく合う。

材料（2〜3人分）

梨 …… 50g
水菜 …… 50g
塩、コショウ …… 少々
ゴマ油 …… 小さじ1/2

作り方

1　梨の皮をむき、3㎝長さのせん切りにする。水菜は根元を切り落とし3㎝長さに切って水に放ち、パリッとさせておく。
2　梨と水菜を合わせ、塩、コショウ、ゴマ油の順に軽く混ぜ合わせる。

COLUMN.1
唐辛子

韓国料理の香辛料と言えば真っ先に思い浮かぶのが赤く辛いイメージの唐辛子でしょう。ここでは唐辛子について掘り下げて紹介します。

　唐辛子の原産地は、南米の熱帯地域と言われ、紀元前6,000年頃にはペルーやメキシコなどで栽培されていたそうです。中世の大航海時代を経て、コロンブスなどの手により世界中へと拡散され、日本に伝来したのは安土桃山時代の頃です。現在は世界中で栽培されており3000種以上あるとも言われています。

　韓国に渡ったのは諸説ありますが、16世紀、豊臣秀吉の朝鮮出兵の際に武器（目潰しや毒薬）または血流増進作用による凍傷予防薬として、日本から渡った兵士が持ち込んだものだというのが通説です。倭国からやってきたので「倭芥子」とも言われていたそうです。韓国で唐辛子が広まったのは日本とそんなに大差ないのですが、なぜ韓国がここまで劇的に食文化を変化させたのかとても興味深いのではないでしょうか。

韓国の唐辛子が韓国料理のイメージになった訳

　唐辛子が伝わる以前の韓国料理は「辛さ」は主に黒胡椒や生姜などの香辛料で表現されており、マイルドな仕上がりの料理でした。しかし唐辛子の伝来によって、韓国料理に革命を起こしたのです。

　現在のように唐辛子が多用されるようになったのは、持ち込まれた直後からではなく、長い年月を経て食生活に少しずつ浸透していき、キムチなどにも使われるようになったと言われています。

　もちろん韓国の土壌と唐辛子の相性が良かった事や、唐辛子を上手に使い上質のキムチやコチュジャンを作る先人達の知恵があったからこそ現在のような多種多様な赤い韓国料理が確立されたのでしょう。その他、唐辛子に含まれるカプサイシンが防腐剤として食品の保存性を高める効果がある事、辛さの刺激が健康に良いとされ、特に消化を助け食欲も増進させる効果があるなど様々な要因があって定着していったと思われます。それにしても韓国全土を赤く染めた唐辛子「愛」、一番の理由は陽気で情熱的な韓国人の気質にマッチしたからでしょう。

唐辛子の選び方

　韓国では唐辛子の良し悪しで料理の味が決まるといい、唐辛子を吟味して使用するため、料理によって生の唐辛子、乾燥させた唐辛子などを使い分けます。

1 青唐辛子は花が咲いてから15〜20日以降で収穫し、赤唐辛子は花が咲いて40〜50日位で収穫する。赤唐辛子は少しシワが出たころが辛さが増して美味しくなる。　2 日本の唐辛子のように上向きに育つのと違い、ぶら下がってなる。　3 専用の機械で粗い粉にひいたもの、パウダー状にしたものなどに分けて売る。粗びきや中びきはキムチ用など、パウダーはコチュジャン用などに使い分ける。

生の唐辛子は大きく分けて「プッコチュ(青唐辛子)」「ホンコチュ(赤唐辛子)」があり、青唐辛子が熟したものが赤唐辛子で、生の赤唐辛子は主に飾りや彩りに使われます。

唐辛子の辛味は、品種や産地にもよりますが、一番辛いと言われるチョンヤンコチュは忠清南道のチョンヤングン(青陽郡)で作られたものです。香りがよくてテンジャンチゲなどにとてもよく合います。

生の青唐辛子にはあまり辛くはなく、そのまま食べられるものもあり、最近ではアサギコチュという品種もよく見かけます。サイズも大きめで身が厚く、サクサクしているという意味でアサギコチュ、また、キュウリの味に似ているのでオイコチュ(※オイ=キュウリ)とも呼ばれ、子供でも食べられる味わいです。苦みのないピーマンにも似た味のようでもあります。また、韓国ではシシ唐の事を「クァリコチュ」と呼ぶので、シシ唐も唐辛子の仲間として分類されています。

唐辛子の収穫時期は秋

9月の初旬、青唐辛子が熟して赤唐辛子になったら収穫し、それを干してコチュカル(粉唐辛子)や糸唐辛子にします。干したものを日本の鷹の爪のように料理に使う事もありますが、大きさは鷹の爪より大きいのも特徴の一つ。干して撹拌したものがコチュカル、細く糸状に切ったものが糸唐辛子です。糸唐辛子は水キムチや、料理の仕上げに用いられます。

乾燥方法は、天日干しか機械干しですが、時間をかけて天日干しにすると太陽の恵みを受け、赤色が鮮明になり、辛さも増します。機械干しは赤色が濃くなり、料理の仕上がりが美しくなく、天日干しより味が落ちるとも言われます。

最近では機械干しが多いと思いますが、秋に韓国へ行くと、今でも唐辛子をザルに入れて屋上や軒下で干している様子を見る事が出来ます。

コチュカルは旨みのある薬味

コチュカルは大きく分けてひき方が3種あり、粗びき・中びき・パウダーに分けられます。

韓国では市場へ行くと唐辛子専門店があり、用途に合わせてひき方を指定でき、注文の時に、種を入れてひくのか種を抜くのかなどと聞かれる場合もあります。主に粗びきと中びきはキムチなどに使われ、中びきはその他の料理でも数多く利用されます。

パウダー状の粉唐辛子は、滑らかなコチュジャンを作る時や、ソースを作る時などに使われますが、発色が良いので粗びきや中びきと混ぜて使われる事もあります。

※余談ですが出産の場面で赤ちゃんの性別を確認する時、コチュはあるか？という会話が聞こえてきます。コチュがあれば男の子です。

韓国料理に欠かすことのできないアイテムとなった「唐辛子」は韓国の食文化、風土、そして人々の生活様式と密接に関連しており、韓国料理の豊かな味わいを存分に楽しむ鍵となっています。市場で山積みされている唐辛子を見かけたら手に取ってみましょう。

4 収穫した唐辛子はザルに広げたりゴザに広げて天日干しする方法と、吊るして乾かす方法がある。　5 市場では1年中唐辛子を山盛りにして売る光景を目にする事ができ、9月頃の市場は収穫して乾かしたばかりの香りのよい新コチュが並ぶ。そのまま使ったり、家で粉唐辛子にして使う事もある。　6 青々と広がる唐辛子畑は春に苗を植えて9月頃まで収穫をする。背丈は70〜80㎝で、葉の下に隠れるように実がなる。　7 青唐辛子は6月中旬から、赤唐辛子は7月下旬から収穫が始まる。韓国では家の畑で唐辛子を栽培している人も少なくない。

第2章

スープ・鍋料理

韓国料理の定番と言えば、まず初めにチゲを思い浮かべるでしょう。
チゲはスープの中の一つで、スープの中でも具材が
ゴロゴロ入っているものをチゲといいます。
唐辛子を使っている辛いものがチゲという訳ではなく、辛くないチゲもあります。
グツグツ煮込んだチゲは冬のイメージと思われがちですが、
韓国では夏でもよく食べます。
この章では韓国でよく食べる人気のスープと鍋のレシピをラインナップします。

닭한마리

ソウル

닭한마리

タッカンマリ

鶏一羽鍋

鶏一羽という名前が付いた鍋料理。発祥の場所はソウルの東大門近くで、東大門近くにはタッカンマリを専門に出すお店が軒を連ねる「タッカンマリ通り」があり、いつも地元の人や観光客でにぎわっている。日本の水炊きとよく似ているが、具材にトッポッキを入れたり、タレに唐辛子をベースにしたものを使ったりするのが特徴で、雛鶏を使うサムゲタンと違い、大きな若鶏を使う。

材料（2〜3人分）

丸鶏 …… 1〜1.3kg（骨付きのぶつ切り1kg程度でもよい）
トッポッキ …… 100g
ジャガイモ …… 2個
長ネギ・・・1/2本

<鶏スープ>
　鶏ガラ …… 600g
　長ネギの青い部分 …… 1本分
　玉ネギ …… 1/2個
　潰したニンニク …… 2片
　粒黒コショウ …… 10粒
　水 …… 3ℓ
　塩 …… 少々

<タテギ（薬味）>
コチュカル（粉唐辛子）…… 大さじ2
薄口醤油 …… 大さじ1
味醂 …… 小さじ2
砂糖 …… 小さじ1/2
ニンニクのみじん切り …… 小さじ1
ショウガ汁、コショウ …… 各少々

作り方

1　鶏ガラは洗って1度ゆでこぼす。鶏ガラを再度洗い、鶏スープの材料とともに1時間半程度煮る。出来上がったスープは漉して塩で味を調える。
2　丸鶏は中抜きのものを腹側から切り、流水で洗って沸騰した湯で1〜2分ゆでる。
3　長ネギは斜め薄切りにし、ジャガイモは皮をむいて1cm幅に切る。トッポッキは洗っておく。丸鶏は食べやすい大きさに切る。
4　1のスープに丸鶏、ジャガイモ、トッポッキ、長ネギを入れて煮る。合わせたタテギと共に食べる。
5　好みでタテギに醤油、マスタード、酢などを一緒に混ぜて食べてもよい。

鍋に鶏ガラスープを入れ、ゆでた丸鶏、ジャガイモ、トッポッキ、長ネギを入れて煮る。

2　スープ・鍋料理　タッカンマリ

釜山

낙곱새

ナッコプセ

タコとホルモンとエビの鍋

釜山で人気が出た鍋料理。ナッコプセとは
「ナクチ（手長ダコ）」「コプチャン（ホルモン）」「セウ（エビ）」の頭文字をとって
付けられた略語で、魚介とホルモンを合わせた辛い鍋。
釜山の食堂街では専門店をよく見かけ、観光客にも人気の鍋料理になった。

材料（2人分）

タコ …… 200g
ホルモン …… 200g
ムキエビ …… 120g
タンミョン（韓国春雨）…… 30g
キャベツ …… 150g
玉ネギ …… 1/4個
長ネギ …… 1/2本
エゴマの葉 …… 5〜6枚
牛骨スープ …… 300㎖

＜ヤンニョム＞
コチュジャン …… 大さじ1
醤油 …… 大さじ1
酒 …… 大さじ1
テンジャン（韓国味噌）…… 小さじ2
ニンニクのみじん切り …… 小さじ2
コチュカル（粉唐辛子）…… 小さじ1
砂糖 …… 小さじ1
コショウ …… 少々
ショウガ汁 …… 少々

作り方

1 タコは食べやすい大きさに切り、ホルモンは小麦粉大さじ3（分量外）を揉み込んでよく洗い、大きければ切っておく。エビは背ワタを取る。タンミョンは30分水に浸しておく。
2 キャベツは4㎝角程度に切り、玉ネギはくし型に切る。長ネギは斜めにスライスして、エゴマの葉は4等分にしておく。
3 ヤンニョムは材料をすべて合わせておく。
4 鍋にキャベツ、玉ネギ、長ネギを入れて、その上にタコとホルモン、エビ、戻したタンミョンをのせる。エゴマの葉も散らし、**ヤンニョム**と牛骨スープを入れて煮る。
5 具材に火が通ったら出来上がり。

タンミョンは30分程、水に浸して柔らかくしておく。

ホルモンは小麦粉大さじ3をふって、手でよく揉み込んでおく。

揉んだホルモンはよく洗って臭みを取る。

鍋に材料を全て入れ、材料に火が通るまで煮る。

삼계탕

サムゲタン

参鶏湯

韓国全土で食べられている伝統的な料理。1900年代には「ペクスク」という鶏の煮込みスープが食べられていたとされ、その後、粉末の高麗人参が入れられるようになり、次第に変化して今の高麗人参がそのまま入る作り方に変わったと言われている。通年食べるが、韓国にはイヨルチヨル（熱以熱治）といって熱を以って熱を治めるという言葉があり、暑さを乗り切るために夏に3回参鶏湯を食べる日、ポンナル(伏日)がある。小さめのひな鶏を使い、あっさり作るのが特徴だが、スープに韓方をたっぷり入れた韓方参鶏湯や、烏骨鶏を使った烏骨鶏参鶏湯などもある韓国の代表的な滋養食。

材料（鶏2羽分）

鶏 …… 2羽（1羽 700〜800g）
モチ米 …… 120〜140g
高麗人参 …… 2本
ニンニク …… 6〜9片
ナツメ …… 1〜2個
塩、コショウ …… 各適量
長ネギの小口切り …… 適量

作り方

1　鶏は腹の中に血が残っていないようにきれいに流水洗う。

2　ぼんじりをハサミで切り取り、お尻の脂身の多い部分は取り除く。モチ米は洗って2時間程水に浸ける。ナツメは洗い、高麗人参は皮をこそげてきれいにする。

3　2の鶏は首の隙間を埋めるためにはじめにナツメを入れる。

4　モチ米の半量の3/4をスプーンなどで入れ、ニンニクを1羽2〜3片入れて残りのモチ米1/4を再度詰める。

5　両側から皮を引っ張って重ね、竹串を刺して止める。脚はクロスさせてたこ糸で結ぶ。同様にもう1羽も作る。

6　深鍋にニンニク2〜3片と5の鶏を入れ、鶏がかぶるくらいの水を注いで強火で煮る。

7　煮立ってきたらアクを取り、高麗人参を入れて、アクが出なくなったら蓋をして火を少し弱め、1時間程煮込む。

8　途中、鶏肉がスープに浸からなくなったらキッチンペーパーで落し蓋をする。鶏が小さい（500g）場合は45分でOK。

9　鶏の竹串、たこ糸をはずし、スープは塩、コショウで味付けして器に盛り、長ネギの小口切りをのせる。鶏肉は好みで塩を付けて食べる。

2　スープ・鍋料理　サムゲタン

전복삼계탕

チョンボッサムゲタン

アワビ入り参鶏湯

済州島の郷土料理、アワビ入りのサムゲタン。
済州島はアワビの産地でもあり、サムゲタンにアワビを入れる事が多い。
アワビ入りサムゲタンの作り方は、普通のサムゲタンとほぼ同様だが、
小さめのアワビを準備し、煮上がる少し前にアワビを殻ごとスープに入れて煮込む。

済州島

材料（鶏2羽分）
サムゲタンと同様
アワビ（60〜80g）…… 2〜3個

作り方
1 アワビは塩を擦り付けてぬめりを取り、タワシで身と殻をよく洗っておく。
2 P.70の参鶏湯と同様に作る。
3 煮上がる10〜15分前にアワビを殻ごとスープに入れて煮込む。

콩나물국

コンナムルクッ

豆モヤシのスープ

韓国の代表的な汁料理の一つで、
作りやすく栄養価も高い事から家庭でよく作られる。
豆モヤシを使った料理は数多くあり、まさに国民食とも言える。
また、二日酔い解消によく飲まれるスープとしても知られている。

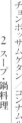

材料（2〜3人分）

豆モヤシ …… 200g
水 …… 大さじ4
塩 …… 小さじ1/2
青唐辛子、コショウ …… 各適量
＜出汁＞
　イリコと昆布出汁 …… 500㎖
　ニンニクのみじん切り …… 小さじ1
　薄口醤油 …… 小さじ1
　塩 …… 少々

作り方

1 豆モヤシはひげ根を取ってよく洗う。鍋に分量の水と塩を入れ、モヤシを加えて蓋をして強火で加熱する。鍋のふちから湯気が出てきたら弱火にして4分蒸す。

2 1の鍋に出汁を入れて加熱し、沸騰したらニンニクのみじん切り、薄口醤油、塩を入れる。青唐辛子やコショウを入れる。

청국장찌개

忠清道

청국장찌개
チョングッチャンチゲ

清麹醤チゲ

チョングッチャンは大豆を発酵させて作る味噌の一種で、日本の納豆と似ているが、そのまま食べるより、主にチゲの材料として使用される。
清麹醤とは、清の国から伝来された醤という意味。
忠清道の郷土料理といわれているが、今では全国で食べられている。

材料（2～3人分）

豚バラ薄切り肉 …… 80g	イリコと昆布の出汁 …… 600㎖
木綿豆腐 …… 120g	テンジャン（韓国味噌） …… 大さじ3
玉ネギ …… 40g	チョングッチャン（韓国納豆）
エリンギ …… 20g	…… 100～120g
長ネギ …… 30g	おろしニンニク …… 少々
青唐辛子 …… 1本	ゴマ油 …… 適量

作り方

1 豚バラ肉は2㎝長さ、木綿豆腐は2㎝角、玉ネギとエリンギは食べやすい大きさに切り、長ネギと青唐辛子は斜め薄切りにする。
2 鍋にゴマ油をひいて豚バラ肉を炒める。さらに出汁を入れ、テンジャン、玉ネギ、エリンギを加えて煮る。
3 長ネギ、木綿豆腐、青唐辛子を入れ、最後にチョングッチャンとおろしニンニクを入れてひと煮立ちさせ、火を止める。

◆ **テンジャン**
主に大豆を発酵させて作られ、スープや煮込み料理に深みを加え、料理全体を豊かにする。

◆ **チョングッチャン**
大豆を発酵させた味噌の一種で韓国納豆の事。蒸した大豆に枯草菌を入れて発酵させたもの。そのまま食べず、味噌のように調味料として使う事が多い。

2 スープ・鍋料理　チョングッチャンチゲ

꽃게탕

忠清道

꽃게탕

コッケタン

ワタリガニのスープ

カニが主役の鍋料理。ワタリガニは忠清南道の安眠島や仁川が有名で、タン（スープ）だけではなく、醤油漬けや蒸したものもあり、安眠島（アンミョンド）ではワタリガニと一緒にその他の海産物やキムチも入れたケグッチ（煮込むスープ）も郷土料理として人気。この料理は韓国の大豆味噌、テンジャンで仕上げるのが特徴。一般的にはワタリガニを使用するが、その他のカニでもおいしく出来上がるので様々なカニで作られている。甘いカボチャを入れて作る場合もある。

材料（2～3人分）

ワタリガニ（カットされているもの）…… 200g	イワシエキス（イワシの魚醤）…… 適量
アサリ …… 200g	青唐辛子 …… 1本
大根 …… 150g	イリコと昆布の出汁 …… 800㎖
木綿豆腐 …… 100g	酒 …… 60㎖
小大豆モヤシ …… 80g	テンジャン（韓国味噌）…… 大さじ4
シメジ …… 50g	コチュジャン …… 小さじ1
セリ …… 20g	薄口醤油 …… 小さじ1
	ニンニクのみじん切り …… 小さじ1

作り方

1 アサリは砂抜きをしておく。大根は5㎜厚さの3㎝角に切る。シメジは石づきを取って小房に分けておく。セリは根を落とし、5㎝の長さに切る。小大豆モヤシはひげ根を取り除き、あらかじめゆでておく。

2 出汁を準備して、はじめに大根を入れて蓋をし、5分煮る。

3 酒、テンジャン、コチュジャン、ニンニク、カニ、シメジ、アサリを入れてアサリの口が開くまで煮る。

4 木綿豆腐は水切りをして5㎝×4㎝、5㎜厚さに切り、小大豆モヤシ、小口切りにした青唐辛子と共に入れて、ひと煮立ちさせ、薄口醤油で味を調える。

5 最後にセリを入れる。味が薄い場合は、イワシエキス（イワシの魚醤）を少々入れて調整するとよい。好みでカボチャや長ネギを入れてもよい。

2 スープ・鍋料理　コッケタン

새우젓국

忠清道

새우젓국

セウジョックッ

アミの塩辛のスープ

塩漬けしたセウジョッ（アミエビ）でシンプルに味付けするスープ。
アミの塩辛はキムチを漬ける時によく用いられるが、
韓国では大いに重宝されている発酵調味料の一つ。
これはセウジョッが味の決め手になるスープで、
セウジョッの産地、忠清道が発祥と言われているが、今ではどこでも食べられる。

セウジョッは包丁で叩いて細かくする。

煮立った鍋にセウジョッを網でこし、エキスだけを入れる。

◆ **セウジョッ（アミの塩辛）**
キムチなどには欠かせない材料の一つで、オキアミとは違うアミエビを使ったもの。北太平洋を中心に漁で捕獲される海老に似たプランクトン。キムチ以外にもゆで豚と一緒に食べたり、ナムルやチゲにも使用する。

※6月に捕獲される産卵期のセウジョッは最高級品といわれ、頭としっぽの部分がピンク色になり名前も「ユッジョ」という。ユッジョは、他の時期のセウジョッより身がふっくらして大きく、風味も良いので、キムジャン（P.160〜162参照）。の時に使うのに好まれる。

材料（2人分）

牛バラ薄切り肉 …… 70g	おろしニンニク …… 少々
木綿豆腐 …… 60g	ゴマ油（またはサラダ油）…… 適量
エホバッ（韓国カボチャ）…… 1/4本	塩、黒コショウ …… 各少々
イリコ出汁 …… 300mℓ	ゴマ油 …… 適量
酒 …… 小さじ1	＜ヤンニョム＞
セウジョッ（アミの塩辛）…… 大さじ1	薄口醤油 …… 小さじ1
青唐辛子（または赤生唐辛子）の小口切り …… 適量	コショウ …… 少々

作り方

1 牛バラ肉はひと口大に切ってヤンニョムと合わせておく。木綿豆腐は水切りをして食べやすい大きさに切り、エホバッは3mmの半月切りにする。
2 牛肉に**ヤンニョム**の材料をふり、合わせておく。
3 鍋にゴマ油（またはサラダ油）をひいて、**ヤンニョム**した牛肉を炒める。火が通ったらイリコ出汁を注ぎ、沸騰したら灰汁を取る。酒を加え、蓋をして少し煮込む。
4 豆腐とエホバッを加える。
5 3をひと煮立ちしたところで、セウジョッを包丁で叩いて、エキスのみを入れる。青唐辛子とおろしニンニクを入れ、塩で味を調える。器に注いでコショウをふる。

2 スープ・鍋料理　セウジョックッ

도란탕

全羅道

토란탕

トランタン

里芋のスープ

トラン（里芋）は、全羅道と慶尚道のものが大きく味も良いとされている。
日本のように出回る時期は長くなく、秋夕（チュソク）の前後に出回る。
土の中の卵という意味で漢字では「土卵（トラン）」と書く。

材料（2〜3人分）

里芋 …… 150g
牛バラ薄切り肉 …… 100g
昆布出汁 …… 500〜600㎖
ニンニク …… 1片
長ネギ …… 少々
ゴマ油 …… 適量

醤油 …… 大さじ1/2
酒 …… 大さじ1/2
塩 …… 小さじ1/4
コショウ …… 少々
青唐辛子 …… 少々

作り方

1 里芋は洗って皮付きのまま蒸し器で7〜8分蒸す。その後皮をむき、4等分程度に切る。または皮をむいて下ゆでしておく。
2 牛肉はひと口大に切っておく。
3 中火で温め、鍋にゴマ油と潰したニンニクを入れてニンニクが焦げないように弱火で温め、香りがでたところで牛肉を入れ、酒と醤油を入れて炒め合わせる。
4 肉に火が通ったら昆布出汁を入れ沸騰したら灰汁を取り除き、里芋を入れて15分程度コトコト煮る。
5 小口切りにした長ネギを入れて、塩、コショウで味を調え、青唐辛子を刻んで入れる。

떡국

떡국

トックッ

韓国式雑煮

韓国では陰暦のお正月の事を「ソルラル」といい、
この1年の大切な始まりの日に家族で食べる雑煮。
もち米で作る日本のお餅と違い、うるち米で作る細長いお餅を切って使うが、
最初から薄くコイン型に切って売っているものもある。
スープも家庭によって違いがあり、牛骨、牛肉、鶏肉、イリコ出汁など様々。

材料（3〜4人分）

＜スープ＞
- 牛骨 …… 1〜1.5kg
- 水 …… 3ℓ
- 長ネギの青い部分 …… 1本分
- 潰したニンニク …… 2〜3片
- トック（韓国餅）…… 500g
- 塩 …… 小さじ1
- コショウ …… 少々

＜コミョン（飾り）＞
- 卵 …… 1個
- 牛モモ（焼き肉用）肉 …… 100g

＜プルコギヤンニョム＞
- 醤油 …… 小さじ1
- 砂糖 …… 小さじ1/2
- ニンニクのみじん切り …… 少々
- コショウ …… 少々
- ゴマ油 …… 少々
- 万能ネギ …… 適量

下準備

1. コミョンを作る。卵は白身と黄身に分けて薄焼きを作り、ダイヤ型に切りそろえる。
2. 牛肉をプルコギヤンニョムで味付けし、万能ネギとともに串に刺して焼く。串を外して3cm角に切る。

作り方

1. 牛骨は、一晩水に浸けて血抜きする。
2. 牛骨がかぶるくらいの湯を沸かし、洗った牛骨を入れて10分ゆでて流水でよく洗う。
3. 2の鍋を洗い、牛骨を入れたら水、長ネギ、ニンニクを入れて強火で沸騰させる。蓋をして、常にグツグツしている状態を保ちながら5時間煮る。
4. スープがしっかり白濁したら火を止めてスープを漉し、油を取り除いて塩、コショウで味を調える。
5. サッと洗ったトックを4のスープの中でゆでる。
6. コミョンを飾る。

◆ トック
うるち米の粉で作った餅。粘りや伸びは少なくて歯切れが良いので、煮込み料理や鍋料理に入れる。丸い形から正月の縁起物でもある。

2 スープ・鍋料理　トックッ

오이미역냉국

オイミヨクネングッ

冷たい夏のスープ

韓国全土で夏に食べる冷たいスープで、「ネン」は冷、「クッ」は汁という意。
夏のスープなので主な具材は夏野菜のキュウリ。
出汁を使わずに冷水を使ってサッパリと作り、氷を浮かべて爽やかに盛り付ける。
また、好みで小口切りの青唐辛子やコチュカルを入れても爽やかに仕上がる。

材料（2～3人分）

キュウリ …… 50g（1/2本）
生ワカメ …… 50g
<スープ>
　ミネラルウォーター（または1度
　沸かして冷ました水）…… 500㎖
　酢 …… 大さじ1・1/2
　薄口醤油 …… 大さじ1・1/2
　白スリゴマ …… 大さじ1/2
　砂糖 …… 大さじ1/2
　塩 …… 小さじ1/2
　おろしニンニク …… 少々

作り方

1　キュウリはせん切りにし、ワカメは食べやすい大きさに切っておく。
2　スープの材料を全て合わせる。
3　1と2をよく混ぜ合わせて冷たく冷やし、氷を浮かべて食べる。

오징어오이냉국

オジンオオイネングッ

イカとキュウリの冷汁

イカとキュウリの冷汁。海産物が豊富な済州島は、ネングッにも野菜や海藻以外にイカなどの海産物を使う。サッとゆでたイカを野菜と共に、テンジャンというチゲなどにも使われる大豆味噌を溶いたスープで食べるのが特徴。好みでコチュジャンや粉唐辛子などで辛味をきかせてもおいしい。6月ごろに出回る青梅を使って作る梅シロップ（P.179参照）を砂糖の代わりに使う事もある。

🌶 済州島

材料（2〜3人分）

- スルメイカ …… 1/2杯
- キュウリ …… 50g（1/2本）
- 玉ネギの薄切り …… 10g
- 赤唐辛子 …… 1/2本
- テンジャン（味噌）…… 大さじ1
- <スープ>
    - ミネラルウォーター（もしくは1度沸かして冷ました水）…… 500ml
    - 酢 …… 大さじ1・1/2
    - 砂糖 …… 大さじ1/2（梅エキスでもよい）
    - 白スリゴマ …… 小さじ2
    - おろしニンニク …… 少々

作り方

1. イカは内臓、目、口を取り除いてよく洗う。サッとゆでて3cm長さに切っておく。キュウリはせん切りにし、玉ネギは薄切りにする。
2. ボウルにスープの材料を合わせ、スープの中でザルを使ってテンジャンを濾す。
3. 1と2をよく混ぜ合わせ、小口切りにした赤唐辛子を入れて仕上げ、冷やす。食べる時に氷を浮かべても。

ひと言

済州島で食べられる冷汁で、6月ごろに出回る青梅を使って作る梅シロップを砂糖の代わりに使ってもよい。

버섯들깨탕

ポソットゥルケタン

キノコのエゴマスープ

エゴマの粉をたっぷり入れてトロトロに仕上げるのがポイントのスープ。
精進料理でもよく作られる料理だが、その場合の出汁は干しシイタケで取る。
ククス（麺）を入れる事もある。

材料（2人分）

キノコ（エリンギ、シメジ、
　マッシュルームなど）…… 150g
イリコと昆布の出汁 …… 500㎖
エゴマの粉 …… 40g
小ネギ …… 適量
餅米粉 …… 大さじ1〜2
薄口醤油 …… 小さじ2
塩 …… 少々

作り方

1. キノコ類は石づきを取って食べやすい大きさに切っておく。
2. 鍋に出汁を注ぎ、キノコを入れて煮、煮えたら薄口醤油を加え、水で溶いた餅米粉を静かに入れる。
3. とろみがでたらエゴマの粉を入れて仕上げる。
4. 味をみて、塩を足す。小ネギを小口切りにして散らす。

モチ米粉は、あらかじめ水で溶いておく。

매생이굴국

メセンイクルクッ

カプサアオノリのスープ

メセンイは、カプサアオノリという真冬のみに採取できる海藻の一種で、岩ノリやアオサノリより細く絹糸のような滑らかさが特徴。南海岸の一部で小正月に食べるスープで、全羅南道の長興郡が有名。

全羅道

材料（2人分）

- メセンイ（カプサアオノリ）
　　…… 100g
- 牡蠣 …… 4～6個
- 大根 …… 60g
- イリコと昆布の出汁 …… 500㎖
- ニンニクのみじん切り …… 小さじ1
- ゴマ油 …… 大さじ1
- 薄口醤油 …… 小さじ1
- エッジョ（イワシの魚醤）
　　…… 小さじ1/2
- 塩 …… 適量

作り方

1 メセンイは水でよく洗い、ザルで水切りして食べやすい長さに切る。
2 牡蠣は塩水でよく洗う。大根は厚めに皮をむき3㎝の細切りにする。
3 鍋にゴマ油とニンニクを入れて火にかけ、香りが立ったら大根を入れて炒める。大根が透き通ってきたら出汁を加え、煮立ったらアクを取り除く。
4 牡蠣を入れ、煮立ったらメセンイを入れてひと煮立ちさせ、薄口醤油とエッジョで味付けする。味が薄い場合は塩で調整する。

◆ メセンイ
冬季のきれいな海でしか取れない貴重な海藻。通常のアオノリと違い、とてもきめ細かいのが特徴。日本ではカプサアオノリと言う。

미역국

ミヨックッ

ワカメスープ

韓国全土で食べられているスープで、特に誕生日には欠かせない料理。
出産後、母親が産後の回復のためにワカメを21日間食べる風習があり、誕生日には母親への感謝の気持ちを込めてミヨックッを食べる。一般的には牛肉と合わせるが、江原道では鱈を、済州島ではウニを、また地域によりアワビやムール貝を合わせる事もある。

材料（2～3人分）

ワカメ …… 100g
牛バラ薄切り肉 …… 100g
水 …… 800㎖
ニンニクのみじん切り …… 小さじ2
ゴマ油 …… 大さじ1
長ネギ …… 3cm
<牛肉のヤンニョム>
　薄口醤油 …… 20㎖
　酒 …… 20㎖
　コショウ …… 少々

作り方

1 ワカメは洗って、食べやすい大きさに切る。牛肉は食べやすい大きさに切って牛肉の**ヤンニョム**であえておく。長ネギは小口切りにする。
2 鍋にゴマ油とニンニクのみじん切りを入れて温め、牛肉を炒める。牛肉の色が変わったらワカメも入れて炒める。
3 2に分量の水を入れて沸騰したら灰汁を取り除き、蓋をして20分程弱火で煮込む。
4 スープが白っぽく濁ったら器に盛り付け、小口切りの長ネギを散らす。

재첩국
チェチョプクッ

シジミ汁

慶尚道・河東地区の郷土料理で、シジミをたっぷり入れて作る。
シジミ汁は栄養価も高くたんぱく質やカルシウム、ビタミンB類を多く含み、体に良いとされている。
さわやかな味を楽しむため、調味料を控えめにし、食べる時もヤンニョムジャンも添えず、
本来のシジミの味を生かす。

材料（2人分）
- シジミ …… 250〜300g
- 水 …… 600㎖
- 刻んだニラ …… 10g
- 酒 …… 大さじ1/2
- 薄口醤油 …… 小さじ2
- コショウ …… 少々
- 塩 …… 適量

作り方
1. シジミは砂出しをしてよく洗い、分量の水とともに火にかけ、口が開いたら取り出す。スープはさらしで漉しておく。
2. 鍋にスープとシジミの身を入れて酒、薄口醤油、コショウで味付けし、味が薄い場合は塩で調える。
3. スープを器に注ぎ、刻んだニラを散らす。

김치찌개

김치찌개

キムチチゲ

キムチチゲ

キムチチゲは家庭でも食堂でもよく作られている定番のチゲで、必ず発酵が進んだキムチで作る。6か月以上発酵させたキムチを「ムグンジ」といい、キムチチゲ専門店ではムグンジで作るキムチチゲを提供するお店も多くある。

材料（2人分）

発酵した酸っぱいキムチ …… 100g
木綿豆腐 …… 100g
豚バラ薄切り肉 …… 50g
イリコと昆布の出汁 …… 400㎖
酒 …… 大さじ2
薄口醤油 …… 小さじ2
コチュカル（粉唐辛子）…… 大さじ1〜2
ニンニクのみじん切り …… 小さじ1/2
ゴマ油 …… 小さじ1
サラダ油 …… 小さじ1
長ネギ（またはニラ）…… 適量

＜豚肉のヤンニョム＞
醤油 …… 小さじ1
コチュジャン …… 小さじ1

作り方

1 キムチと豚肉は食べやすい大きさに切り、豚肉は**ヤンニョム**する。
2 木綿豆腐は3㎝×3㎝、0.7㎜厚さに切りそろえておく。
3 鍋にゴマ油とサラダ油を入れて火にかけ、ニンニクのみじん切りを加えて香りが立ったらヤンニョムした豚肉を炒め、豚肉に火が通ったらキムチとコチュカルも入れてよく炒める。
4 出汁、酒、薄口醤油を入れて7〜8分煮込む。
5 準備した木綿豆腐を入れてひと煮立ちさせ、小口切りにした長ネギを加える。

황태국

江原道

황태국
ファンテクッ

干し鱈のスープ

ファンテと言えば江原道が有名。
ファンテは水揚げされたスケトウダラを自然な状態で乾燥させたもので、
江原道にはその干場が点在している。江原道は極寒の地なので、夜に凍り、
昼は解凍されながら時間をかけて乾燥させるため、
江原道などで作られるものがいちばんおいしいと言われている。

材料（2人分）

裂き干し鱈 …… 25g	長ネギ …… 少々
水 …… 100㎖	薄口醤油 …… 大さじ1/2
イリコと昆布の出汁 …… 400㎖	ゴマ油 …… 大さじ1/2
木綿豆腐 …… 50g	おろしニンニク …… 少々
溶き卵 …… 1/2個分	塩 …… 適宜
セウジョッ（アミの塩辛）…… 適量	

作り方

1 干し鱈は洗って分量の水で戻す。柔らかくなったら一口大に裂いて骨があれば取り除き、軽く水けを絞る。戻し汁はとっておく。
2 鍋にゴマ油をひいて温め、戻した干し鱈を中火で炒める。
3 2に戻し汁と、イリコと昆布の出汁を入れて蓋をし、干し鱈を煮込み、途中灰汁が出たら取り除く。
4 1×4㎝に細長く切った豆腐を入れ、薄口醤油とおろしニンニクを加える。味が薄ければ塩で調える。
5 溶き卵を回し入れ、薄切りにした長ネギを入れる。
6 食べる時は、セウジョッ（アミの塩辛）を添える。

◆ 裂き干し鱈
スケソウダラを乾燥させ裂いたもの。

水で柔らかくなるまで戻す。

手で一口大になるように裂く。

2 スープ・鍋料理　ファンテクッ

COLUMN.2
セウジョッ（アミの塩辛）旨味の秘密と種類

韓国では、発酵調味料としてスープやクッパの味付けなど、様々な料理によく使われますが、特にキムチを漬ける時には欠かせない調味料の一つです。

季節によって味も形も名前も違うアミエビ

　アミエビはエビのような見た目のプランクトンで、セウジョッ（アミの塩辛）は、このアミエビを塩漬けにして熟成発酵させた塩辛です。韓国では発酵調味料としてスープやクッパの味付け、ポッサム（ゆで豚）などに添えたりと料理によく使われますが、中でもキムチを漬ける時にはなくてはならない調味料の一つです。セウジョッの存在があるからこそ、キムチの爽やかな塩気とうま味、香りを引き出してくれます。

　韓国のモッポ（木浦）など、黄海を中心に多く分布し、体長は10～30㎜程。生きている時は透明ですが、死ぬと薄いピンク色になります。

　収穫の時期によって名前や価格が違ってくるのも特徴です。代表的なものは5月に収穫して塩漬けしたオジョッ（5ジョ）、6月の産卵期に収穫して塩漬けしたユッジョッ（6ジョ）、初秋に収穫して塩漬した漁獲量が少ないジャハジョッ、秋に収穫した小さなアミエビを塩漬けしたチュジョッ、2月に収穫して塩漬したトンベッカジョッ。その他にも数種類あるアミの塩辛は使用する料理によって選びます。

◆ **ユッジョッ（6ジョ）**
　アミの塩辛の中で一番大きく、香りがよく上品な味で、最高級品だと言われています。キムジャン用（秋のキムチ漬け）の塩辛として好まれ、価格も最も高額です。頭と尾が赤色で、背中に黄色い卵巣が見えます。

◆ **オジョッ（5ジョ）**
　ユッジョッよりやや小ぶりなものが多いですが、サッパリとした味が特徴で、そのままおかずとして食べられる事が多い塩辛です。

◆ **チュジョッ**
　サイズが小さくピンク色をしています。価格も比較的安価なものが多く、家庭料理の薬味や調味料として最も使われています。すぐに使わず1年程寝かせたものをセウジョックッ（アミの塩辛のスープ）などに使うといいと言われています。

◆ **トンベッカジョッ**

1 質の良いセウジョッは個体の形がはっきりしていて肉厚、生臭くなく薄いピンク色になる。　2 獲れた時期別にカメに入れて塩漬けしたアミエビは、少なくとも3か月は熟成発酵させる。　3 購入する時に必要な分量を容器に入れてもらうが蓋が閉まらないくらい一杯詰めてくれる（写真は1番小さい容器）。　4 6月に獲れたアミエビを塩漬けしたユッジョッ（6ジョ）は一目でその違いがわかるほど個体が大きい。　5 セウジョッの容器には、大きな文字で獲れた時期が書かれており、欲しいセウジョッを選ぶ事ができる。

トンベッカジョッは、ユッジョッやオジョッに比べるとサイズが小さく、ゆで豚と一緒に食べると爽やかな味が豚の脂ととてもよく合います。キムチ用としても人気の高い塩辛です。

洞窟セウジョッの旨味の秘密

塩漬けして熟成させる産地として有名な場所の一つが忠清南道（チュンチョンナムド）の広川（クァンチョン）です。晩秋から初冬にかけて行なわれるキムジャン（キムチを漬ける事）の時期には、遠方から車で購入しにくるお客が大勢いて、一人で何kgも買っていく姿が見られます。駅前は塩辛の市場が続き、どの店もおいしそうな塩辛を出しています。アミの塩辛の種類を記してあるので、色や大きさの違いを見て回るだけでも見応えがあります。勿論、購入時には味見をさせてくれます。

アミの塩辛は一般的には専用の容器と部屋で熟成させますが、「広川洞窟アミの塩辛村」は、アミエビを塩と合わせた後、洞窟の中で熟成させる独特な製法で作ります。1950年代から始まったこの製法は、夏場の腐敗を防ぐために保管した事がきっかけだったそう。洞窟の中は常に13〜15℃、夏は涼しく冬はやや暖かく感じる温度で、湿度85％以上を維持し、3か月熟成させます。出来上がったアミの塩辛は、肉厚で甘みが強く、塩辛エキスも白く澄んだ独特のおいしさになると言われています。

広川と同じ忠清南道（チュンチョンナムド）にある江景（カンギョン）もアミの塩辛が有名な地域で、毎年秋には「江景塩辛祭り」が行われます。江景では塩辛を購入するだけでなく、色々な魚介の塩辛が並ぶ「塩辛定食」も食べられます。このおいしい塩辛定食を食べに観光バスで訪れる観光客もいる程です。

韓国人の食文化に欠かせない発酵調味料

韓国のソウル市内でもアミの塩辛は勿論購入可能です。市場だけでなく、スーパーやデパ地下で必ず売っています。

良いアミの塩辛は、エビの形が崩れておらず、エキスが濁っていないもの。

生臭さがないものを選びましょう。日持ちは冷凍庫で半年〜1年です。塩漬けしてあるので完全には固まりませんのでその都度冷凍庫から取り出して使う事をお勧めします。

「アミの塩辛」は韓国人の食文化には欠かせない発酵調味料です。塩の代わりに旨味を足す時に、サッと味付けしてそのままでも頂きます。お母さんたちが料理をおいしく作る隠し味として必ず家にあるもの。それぞれの味を知り、使い道を分かって使い分けられるようになれば韓国料理も更においしく作れるでしょう。

6 1970年代ごろの広川で盛んに行われていたアミ漁の様子がわかる写真。広川の洞窟セウジョッ広報展示館に残っている。　7 広川駅前の大きな市場はほとんどの店でセウジョッを販売している。　8 広川は洞窟内でセウジョッを熟成させる洞窟セウジョッが有名で、洞窟の入り口が集まっている場所がある。　9 忠清南道の江景はセウジョッ以外にも様々な魚の塩辛がずらりと並ぶ塩辛定食が観光客にも人気。

COLUMN.3

韓国の象徴とも言える シジャン（市場）

活気ある商売人たちの掛け声や熱気、所狭しと陳列されている様々な品物、通りに漂う匂い、行き交う人々の笑顔や会話。ここは私が大好きな場所です。シジャンを見ずに韓国の食は語れません。

古くから地域の生活を支えたシジャン

　歴史を紐解くと韓国（朝鮮）における市場の文献上の最古の記録は、「初開京師市肆以通四方之貨」（『三国史記』新羅本記、第三）に記されておりA.D.490年、三国時代新羅の都であった慶州に開設された市についてのものだと言われています。おそらくこれ以前にも決められた日に物を持寄り、小さな定期市が各所に生まれていたと思われます。日本同様、近代に入ると新たに百貨店やショッピングセンター・スーパーマーケットなどができ、それらが増えるにつれ、韓国全土に数多く存在した市場は規模の縮小や減少を余儀なくされました。しかし現在でもソウルをはじめ地方の都市において伝統市場と呼ばれる大規模な常設市場や小規模ながら定期的に開催されるオイルジャン（五日市）などが残っており、地域の人々の生活を支え、その土地に根付いた特産品を求める観光客にも人気があります。

食に関するオススメの市場

◆ナンデムン（南大門）市場

　600年もの長い歴史を誇り、明洞や徳寿宮、光化門にも近く観光スポットとして沢山の外国人観光客も訪れています。衣類、陶磁器、アクセサリー、台所用品、地域の特産物を含む1,700種以上の商品を扱っており、ここで手に入らない物は無いと言われています。また、ククス（麺類）や豚足、太刀魚の煮付けがおいしい事でも知られています。

◆チュンブ（中部）市場

　海苔や魚の干物、雑穀など乾物の問屋やお惣菜屋が集まる市場で1957年からソウル市民の台所を支えてきた食材の宝庫です。約1000店もの小さな商店がひしめきあっています。私もコチュカル（粉唐辛子）やゴマ油、乾燥棗などは付合いの長いお店があり、ソウルに来れば必ず足を運んでいます。

◆ソウル チュンアン（中央）市場

　東大門市場や南大門市場などと肩を並べるソウル六大在来市場の一つで、朝鮮戦争の直後にできたシンダン（新堂）市場が母体となり1962年に「ソウル中央市場」としてスタートした歴史ある伝統市場です。約5000坪の広大な敷地内には青果や魚介類、穀類などの食品店から食器類や家具などの生活用品店まで600を超える店が集合し、活気に溢れた賑わいを見せています。

◆クァンジャン（広蔵）市場

　広蔵市場は韓国初の常設市場で、活気のある屋台が連なり韓国のグルメや文化が体感できます。日本でもTV番組や雑誌などで度々紹介され注目度の高い観光地となっています。様々な食べ物が売られており、特にピンデトッ（緑豆チヂミ）や一度食べたら病みつきになると言われる麻薬キムパッなどが人気です。

◆ノリャンジン（鷺梁津）水産市場

　90年余りの歴史を誇り韓国最大級の水産市場と言われ、東京の豊洲市場同様、首都圏の胃袋を支えています。明け方には業者の競りが行われ、夕方は水産物を買いに大勢の客が訪れるため、市場は24時間賑わっています。ずらりと並んだ水槽や魚介類は圧巻。市場で海産物を購入し、上の階にある食堂で調理して貰いすぐに味わう事が出来ます。

◆マジャンドン（馬場洞）畜産物市場

　マジャンドンという地名を聞くと、ソウルの食通なら「畜産市場」を思い浮かべるほど、食肉業者が集まる場所として知られ、ソウルや周辺都市で焼肉店を営む人の多くが、マジャンドンに牛肉や豚肉を仕入れにやってきます。市場内の精肉店の殆どが、焼肉店向けの卸売り専門業者になっていて、個人向けに販売している店舗は多くありません。独特の雰囲気を醸し出すとってもディープな市場です。

地方の有名な市場

　ソウル以外の地方にある伝統市場。ソウルとはまた違っ

1 南大門市場は手頃な価格で様々な商品を買うことができるので人気。　2 クルビの干物等が所狭しと並ぶ中部市場は、値段も安く賑わっている。

たその地域ならではの食材なども豊富です。大抵、市場の近くには多くの観光地がありセットで楽しめます。

済州 トンムンジェレ（東門在来）市場

　済州島の海でとれた新鮮な刺身が食べられる他、済州ならではのオメギ餅やコギグクス（肉麺）を味わう事ができます。数多くの品物であふれるこの場所はハンラボン（デコポン）など済州の特産品を求めて訪れる観光客で賑わっています。

釜山 クッチェ（国際）市場

　国際市場は韓国のバラエティー番組や映画の舞台としても度々登場する人気の観光スポットです。朝鮮戦争の頃、ソウルをはじめとする北部の都市から逃れてきた避難民たちが米軍が放出した物資を売り始めた闇市からスタートしたと言われています。主に庶民の生活に欠かせない衣類や雑貨、革製品、機械工具、台所用品などが卸売りされており、迷路のような道に入ると古着や土産品を売る店も軒を連ねています。食べ歩きを楽しめる屋台も並び、釜山オムク（魚の練り物）やナッツ類の入ったシアホットクなどショッピングだけでなくお手頃な価格でグルメも満喫でき、お薦めです。

釜山チャガルチ市場

　大都市、釜山の食を支える水産物に特化した重要な拠点です。チャガルチ駅からほど近いエリアをチャガルチ市場と呼び、昔ながらの路面店をはじめ近代的なビル内には鮮魚販売のお店が軒を連ね、毎日夜明け前から遠近海の300種を越える魚介類が次々と運び込まれ活気に包まれています。購入した魚介を直ぐに調理し食べられるので観光客にも人気で鮮度抜群の刺身やサンナクチ（生の手長ダコの踊り食い）、ホンオフェ（エイの刺身）など釜山ならではの珍味も楽しめます。

大邱 ソムン（西門）市場

　韓国有数の大都市である大邱最大の伝統的な市場として知られています。地元の人には欠かせない生活用品や寝具に雑貨まで本当に沢山の商品で溢れており、ソウルよりもお得にお買い物できる事が多い為、私は真鍮の器などを調達します。

　また、2016年から始まった夜市も人気で、毎日沢山の人々で賑わっています。

大邱 ヤンニョン（薬令）市

　17世紀、朝鮮時代からの歴史を誇り、ソウルの京東市場、錦山の薬草市場と共に韓国の三大薬令市場の一つです。韓方薬局や韓医院、韓方薬材卸売店が軒を連ね、軒先には高麗人参、鹿角など様々な生薬が並び、通りを歩くと煎じたての韓方薬の香りが漂い気分が高まります。韓方足湯や韓方文化体験もできる薬令市韓医薬博物館とセットで楽しめます。

3 薬令市場では様々な韓方薬剤がずらりと並んでいる。　4 広蔵市場の東側には屋台が並びB級グルメが堪能できる。　5 麻薬（マヤッ）キムパッは細く小ぶりなので満腹でも楽しめる。　6 水産市場では生け簀が並び新鮮な魚介が購入できる。　7 日本であまり見かけない珍しい海産物もあるので楽しい。　8 豚の頭が並んでいたり馬場洞はディープな畜産市場。　9 江華島（カンファド）の五日市では地元の特産物などを幅広く販売している。

97

第3章

ご飯と麺

韓国は日本と同じ、主食は米。
おかずと白米は通常の食事ですが、炊き込みご飯、
お粥、麺料理の種類も豊富。
各地方の郷土料理も紹介します。

COLUMN.4
韓国三大ピビンパッ

韓国料理を語る上でははずせないメニューの一つピビンパッ。栄養のバランスがいいだけでなく、白飯に様々なナムルや味付けした肉などをのせ、混ぜて食べることによって各材料が織りなす味の調和を楽しむ料理です。

ピビンパッの由来と起源

　名前の由来ですが「ピビン」は混ぜる「パッ」はご飯を意味し、昔は上流階級の人々にコルドンバン（骨董飯）と呼ばれていたそうです。余談ですが「骨董飯」という言葉は江戸時代の日本でも使用しており、五目飯を指します。骨董という言葉には古道具という意味だけでなく「寄せ集める」という意味もあったそうです。ピビンパッと五目飯、何となく似ていて色々な想像が膨らみます。

　ピビンパッはそもそもシンプルな料理ですが、お店で提供されているピビンパッのように数種類の材料を一つひとつきちんと揃えるとなると結構面倒で意外と手間がかかります。韓国の専門店ではユッケがメインになっていたり、ウニが入っていたりそれぞれのお店でひと工夫を凝らしていて個性やこだわりを感じます。家庭で作るピビンパッは、冷蔵庫にある常備菜のナムルをご飯にのせ、コチュジャンなどを入れて混ぜるだけという簡単で便利な時短料理です。韓国ドラマでもインスタントラーメンを食べるシーンに続き、よく目にする光景です。

　ピビンパッの起源については諸説あり、残り物をご飯と一緒に混ぜ、ピビンパッにして食べたのが始まりだという説。新年にトックッ（韓国雑煮）を食べるため、大晦日に家の残り物の食材を食べ尽くす方法としてピビンパッにして食べたという説。もう一つは、農作業の合間に食べたという説。瓢箪を割って作った容器にご飯やナムルを入れて畑まで持っていき、皆んなでピビンパッを作って食べたと言われる説。まさにお弁当です。個人的には初めの説が有力だと思っています。また、祭祀に来た人々にご馳走するため、大きな木鉢にご飯をほぐし入れてそれにゴマ油と塩、ナムルを入れてしっかり混ぜる。そしてスープやキムチなどと一緒にふるまい膳としてピビンパッを出したとも言われています。

　このピビンパッ、19世紀の料理書「シウィチョンソ（是議全書）」によると宮中では「プピィムパプ」と呼ばれていたそうです。王様の食事とはいえ、今のピビンパッの姿とさほど変わりはなく、炊き上がったご飯をゴマ油と塩で味付けし、その上に味付けした牛肉、キノコ、キュウリ、桔梗の根、ワラビ、豆モヤシなどをのせ、焼いた魚や焼いた卵の千切りと共に混ぜたものでした。

　このように王様から庶民まで幅広く愛されてきたピビンパッですが、地域によって具材や味付けなど様々なバリエーションが生まれ、それぞれの地域の特徴を生かした個性あふれるピビンパッが楽しまれました。

最も有名な全州ピビンパッ

　その中でも、韓国三大ピビンパッと呼ばれる有名なピビンパッがあります。

　ピビンパッ発祥の地は、湖南平野に位置する美食の古都「全州（チョンジュ）」、と韓国の人は言うでしょう。韓国でピビンパッといえば全州式であることが多いのです。「全州ピビンパッ」は全羅北道の名物であり、無形文化財となっています。「花ご飯」といわれるほど様々な具材をのせることが特徴で、南北東西と中心を表す「青・赤・黄・白・黒」で具がまとめられており、ご飯も牛頭肉を煮込んで作っ

1.2 全州ピビンパッ：全州ピビンパッは、色とりどりのナムルが特徴で、ナムルと共に木の実を散らし、ムクという寒天なども入る。日本で韓国のピビンパッといえば全州ピビンパッがベースになっているものが多い。

100

たスープで炊き上げる贅沢なピビンパッです。

　また、全羅道は豆モヤシ料理も有名で、全州ピビンパッにもシャキシャキとした豆モヤシが使われます。トルソッピビンパッ（石焼きピビンパッ）として食べることもあり、見た目も美しく贅沢なピビンパッを求めて、趣のある韓屋村には多くの観光客が訪れています。

ユッケをのせた晋州ピビンパッ

　二つ目は、慶尚南道の晋州（チンジュ）発祥の「晋州ピビンパッ」です。晋州ピビンパッは、具材の一つにユッケ（生肉）を使うことが特徴で、野菜のナムルと共に脂身の少ないさっぱりとした赤身肉を混ぜて食べます。その上品な味わいは、肉と野菜の絶妙な調和のとれたおいしさで一度食べたらまた食べたくなると言われている慶尚南道で愛されている郷土料理です。

醤油で味付けをする海州ピビンパッ

　残る一つは北朝鮮の黄海南道にある海州市で生まれた「海州（ヘジュ）ピビンパッ」です。このピビンパッは、海州北部にある首陽山の鶏肉と、ワラビ、セリ、シイタケ、豆モヤシ、桔梗の根をナムルにして西海岸で採れる特産の海苔を振りかけて食べます。また、コチュジャンの代わりに醤油で味付けするのでそれぞれの具材が生きた滋味深い味に仕上がります。また、ご飯をあらかじめ豚肉の油で炒める調理法もあり、その場合は、豚肉と牛肉をナムルと共に盛り付けて仕上げる独特の作り方です。

　使う食材や味付け方法が変われど、具材とご飯をバランスよく混ぜ合わせたピビンパッは今や韓国航空会社の機内食にもなり、韓国を代表する料理になりました。

　海沿いの地域では貝を使った「コマクピビンパッ」やホヤを使う「モンゲピビンパッ」、他にも味付けした味噌を入れる「カンテンジャンピビンパッ」、野菜の新芽を使う「サセクピビンパッ」、干し野菜のナムルを使う「ムグンナムルピビンパッ」など数えきれないピビンパッが存在します。

　因みに日本でピビンパッといえば石焼きピビンパッが有名ですが、その起源についても諸説あり、大阪の韓国料理店で1970年頃に在日韓国人が発案した日本発祥説もよく耳にします。石釜は保温性に富み、最後まで熱々のまま頂けるし、日本人好みのパリパリとしたおこげの食感も楽しめるため日本では石焼きが主流となりました。

　一つの器で野菜も肉もご飯も食べられ、栄養価も高く老若男女に愛される料理ピビンパッ。これからも時代と共に様々なピビンパッが考案され、新たな人気メニューが生まれるかも知れないし、家庭では簡単にできる料理としていつまでも食卓にのぼり続けることでしょう。全てを混ぜ合わせて楽しむ、まさに韓国人のおおらかな一面を感じる料理。韓国を津々浦々巡りながら未だ出会ったことのないその地方ならではのローカルピビンパッを食べ歩くのもいいのでは。

3 晋州ピビンパッ：晋州ピビンパッは慶尚道の晋州市に由来しているピビンパッでナムルと共に、ユッケを盛り付けるのが特徴で豪華。
4 海州ピビンパッ：北朝鮮の海州で食べられているピビンパッは、山菜のワラビや鶏肉をトッピングするのが特徴で、コチュジャンを使わず醤油味で仕上げてあるのでとてもあっさりとしている。　**5** その他有名なのは、モンゲピビンパッ。慶尚南道統営はホヤ養殖が盛んな地域で、新鮮なホヤを野菜などと一緒に盛り付け、独特な風味を楽しむ。

김밥

김밥

キムパッ

韓国海苔巻き

日本の海苔巻きが韓国に伝わり、韓国式にアレンジされたと言われている。
「キム」は海苔、「パッ」はご飯の事。
ご飯は酢飯ではなく塩とゴマ油で味付けするのが特徴で、様々な具材を使うが、具材の一つに日本から渡った沢庵を使う事が多い。
キムパッ専門店が全国にある程、韓国人にとって身近な食べ物。

材料（3本分）

米 …… 1合
<ご飯の下味>
　塩 …… 小さじ1/2
　ゴマ油 …… 大さじ2/3
　イリゴマ …… 大さじ1/2
焼き海苔 …… 3枚
ゴマ油 …… 適量
白イリゴマ …… 大さじ1/2
<具の材料>
ゴボウ …… 50g

<ゴボウの下味>
　醤油 …… 大さじ1/2
　砂糖、味醂 …… 各小さじ1
　コショウ …… 少々
ホウレン草 …… 120g
オムク（魚の練り物）…… 1/4枚分
ニンジン …… 100g（約1/2本）
タンムジ（タクアン）の細切り …… 3本
卵 …… 2個
ソーセージ …… 3〜6本（約90g）
カニカマ …… 45g（6本程度）
塩、コショウ …… 各適量
ゴマ油 …… 適量

作り方

1 米は普通に炊いて、炊き上がったら塩、ゴマ油、イリゴマを混ぜて冷ましておく。
2 ゴボウはせん切りにし、醤油、砂糖、味醂、コショウで炒めておく。ホウレン草はサッとゆでて塩とゴマ油であえる。オムクはサッとゆで、3〜4等分に切る。ニンジンは皮をむいてせん切りにし、サッとゆでて塩とゴマ油であえる。タンムジ、ソーセージ、カニカマは細切りにする。
3 卵は2個溶いて塩で味付けし、巻かない卵焼きを作り、3〜4等分にしておく。
4 巻きすに海苔を敷き、準備したご飯の1/3程度を広げ、海苔の上1cmをのりしろにして残し、ご飯の真ん中に具材を並べて巻く。表面にゴマ油を塗り、食べやすい大きさに切ってゴマをふる。

◆ **タンムジ**
韓国タクアン。日本と同じように大根で作る漬物。韓国語では「タンムジ」といってキムパッの具材では定番であり、キムパッ用は最初から細長く切ってあるものが販売されている。輪切りのものもある。

キムパッの8種の具は、それぞれ同じ分量に合わせて準備する。

충무김밥

慶尚道

충무김밥
チュンムキムパッ

忠武海苔巻き

誕生の由来は諸説あるが、
統営（トンヨン・かつてのチュンム）の漁師達のお弁当として生まれたとか。
普通の海苔巻きのように具材が入っていると傷みやすいため、
中身のない海苔巻きと、傷みにくいおかずを別々に作ったのが始まり。
今では全国に広がっている。

材料（2人分）

スルメイカ …… 中1杯（150g）
大根 …… 140g
オムク（韓国オデン）…… 1枚
焼き海苔 …… 1枚
ご飯 …… 200g
白イリゴマ …… 適量
＜大根の下味＞
　塩 …… 小さじ1/2弱
　砂糖 …… 小さじ1/2
＜ご飯の下味＞
　ゴマ油 …… 小さじ1
　塩 …… 小さじ1/4

＜ヤンニョム＞
コチュカル（粉唐辛子）…… 大さじ1
エッジョ（魚醬）…… 小さじ2
砂糖 …… 小さじ1
ニンニクのみじん切り …… 小さじ1
梅エキス …… 小さじ1
韓国水アメ …… 小さじ1
白イリゴマ …… 小さじ1
ゴマ油 …… 小さじ1
醬油 …… 小さじ1/2
ショウガ汁 …… 少々

作り方

1 大根は皮ごとひと口大のそぎ切りにし、塩と砂糖をまぶして30分置く。その後30分ザルで水切りをする。
2 ご飯にゴマ油と塩を混ぜて冷ましておく。
3 イカは内臓と目と口を取り除き、沸騰した湯で2分ゆで、1.5×5cm程に切る。
4 オムクは、イカをゆでたゆで汁でサッとゆでて、ひと口大の三角形に切る。
5 ボウルに**ヤンニョム**を合わせて、大根とイカ、オムクを加えてあえ、器に盛り付けて上からゴマを散らす。
6 海苔を4分の1に切って、準備したご飯の4分の1を巻いていき、表面にゴマ油を軽く塗る。同様に残り3本も巻いて2等分にする。5の横に盛り付ける。

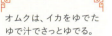
オムクは、イカをゆでたゆで汁でさっとゆでる。

4分の1に切った海苔にご飯を4分の1乗せて、手で端から巻いていく。

 オムク
釜山の名物で、韓国おでんで使う食材。「オ」は魚の事で、魚のすり身を小麦粉と混ぜて平たくし、揚げて熱加工をしたもの。

콩나물밥

忠清道

콩나물밥

コンナムルパッ

牛肉と豆モヤシご飯

豆モヤシと牛肉を炊きこむご飯。
日本の炊き込みご飯は味を付けて炊く事が多いが、コンナムルパッは、
味付けは牛肉だけで炊き、炊き上がったご飯にヤンニョムをかけて混ぜる。
牛肉を豚肉に替えて作る事もある。

材料（米2合分）

豆モヤシ …… 100g
牛薄切り肉 …… 50g
米 …… 2合
水 …… 380〜400㎖
<ヤンニョムA>
　醤油 …… 大さじ1
　砂糖 …… 大さじ1/2
　白スリゴマ …… 小さじ1
　ゴマ油 …… 少々
　長ネギのみじん切り …… 小さじ1
　コショウ …… 少々

<ヤンニョムB>
　醤油 …… 大さじ2
　長ネギのみじん切り …… 小さじ1
　白イリゴマ …… 小さじ1
　ゴマ油 …… 小さじ1
　ニンニクのみじん切り …… 小さじ1/2
　コチュカル（粉唐辛子）…… 少々

作り方

1　米はといで分量の水を加える（ほんの少し水を少なめにする）。
2　豆モヤシはひげ根を取ってよく洗う。
3　ボウルに**ヤンニョムA**の材料を混ぜ合わせ、牛肉は食べやすい大きさに切って、**ヤンニョム**する。
4　1に、牛肉、豆モヤシの順にのせて普通に炊く。**ヤンニョムB**の材料を混ぜ合わせる。
5　炊き上がったらサックリ混ぜ、**ヤンニョムB**をかけて混ぜる。

콩밥

오곡밥

オゴッパッ

五穀ご飯

陰暦の1月15日に食べる伝統料理の一つ。
中身は地域によっても多少違いはあるが、
5種類の雑穀を入れて炊くため「オゴッ(五穀)パッ(ご飯)」といい、
その年の豊作と無病息災を祈願する意味がある。

材料（2〜3人分）

ウルチ米 …… 1カップ
餅米 …… 2/3カップ
小豆 …… 40g
黒豆 …… 30g
キビもしくはアワ …… 30g
塩 …… 小さじ2/3
水＋小豆のゆで汁 …… 450㎖

作り方

1 黒豆は洗って3〜4時間程浸水させ、固めにゆでておく。
2 小豆は洗って一度ゆでこぼし、改めて小豆の3倍程の水で20分ゆで、煮汁と小豆に分けておく。
3 キビは洗ってザルで水切りしておく。
4 ウルチ米と餅米は30分程浸水させ、ザルで水切りしておく。
5 鍋にウルチ米、餅米、水と小豆のゆで汁、塩を入れてよく混ぜ、黒豆、小豆、キビも一緒に炊く。

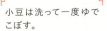
小豆は洗って一度ゆでこぼす。

再度、小豆の3倍の水を加えてゆでる。

ボウルにザルを重ねて小豆をとり、ボウルの煮汁をとっておく。

무굴밥

ムクルパッ

大根と牡蠣のご飯

牡蠣は韓国でもほとんど養殖でほぼ全土で食べられているが、忠清南道の沿岸部では貴重な天然物が獲れるので、釜炊きする牡蠣ご飯は冬の醍醐味でもある。冬の間家庭で作る韓国式の炊き込みご飯の一つだが、大根を入れるのも特徴。牡蠣がないときには大根だけで作る場合もある。

忠清道

材料（米2合分）

米 …… 2合
大根 …… 150g
牡蠣（生食用）…… 200g
シイタケ …… 3枚
塩 …… 小さじ1/3
水 …… 360ml
小ネギの小口切り …… 適量
白イリゴマ …… 適量

＜ヤンニョムジャン＞
醤油 …… 大さじ2
ゴマ油 …… 大さじ1
長ネギのみじん切り
　…… 小さじ1
白スリゴマ …… 小さじ1
コチュカル（粉唐辛子）
　…… 小さじ1/2
ニンニクのみじん切り
　…… 少々
コショウ …… 少々
砂糖 …… 少々

作り方

1　米は洗ってザルにあげる。
2　牡蠣は塩水でよく洗い、ザルに並べ熱湯をかけて水けを切っておく。
3　大根は皮をむいて3cm程のせん切りにし、シイタケは石づきを取って薄切りにする。
4　炊飯器に米、塩、水を入れ、上に大根、シイタケをのせて炊く。
5　炊きあがったら、牡蠣を入れて蒸らす。
6　**ヤンニョムジャン**をよく混ぜ、器に盛り、小ネギと白イリゴマをふりかける。

시래기밥

シレギパッ

乾燥大根葉のご飯

韓国北部などでは乾燥野菜を使ってよく作っていたが、今では全土で作られている。元々は保存食として作られていた大根葉の乾燥野菜。旨味が凝縮された大根葉の炊き込ご飯は大根を無駄なく使う代表的な料理。

材料（米2合分）

米 …… 2合
シレギ（乾燥大根葉）…… 15g
水 …… 400㎖
＜シレギのヤンニョム＞
　薄口醤油 …… 大さじ1
　ニンニクのみじん切り …… 小さじ1
　エゴマ油 …… 大さじ1
＜ヤンニョムジャン＞
　醤油 …… 大さじ1
　ゴマ油 …… 大さじ1/2
　白イリゴマ …… 小さじ1
　長ネギのみじん切り、ニンニク
　　のみじん切り、コチュカル
　　（粉唐辛子）…… 各小さじ1/2

作り方

1　シレギ（乾燥大根葉）は洗ってたっぷりの水に浸し、1晩かけて戻す（ぬるま湯で戻す場合2時間程浸す）。
2　戻ったシレギを浸した水と一緒に火にかけ、沸騰したら火を弱めて20分程ゆでる。
3　シレギの茎の固い皮をむき、2㎝に切って**ヤンニョム**する。
4　炊飯器に米と水、3のシレギを米の上からかぶせるようにして普通に炊く。
5　炊きあがったら、合わせた**ヤンニョムジャン**を全体に混ぜる。食べる時にヤンニョムジャンを添える。

シレギを使う時はゆっくり戻してご飯と炊く事。

곤드레밥

コンドゥレパッ

高麗アザミの炊き込みご飯

コンドゥレは高麗アザミの事。高麗アザミが採れる江原道でよく食べられる炊き込みご飯。
アザミは花ではなく葉の部分を使う。高麗アザミは春の収穫の時期、
生葉を使うが一般的には乾燥させたもので1年中作る。

江原道

材料（米2合分）

米 …… 2合
乾燥コンドゥレ
　（乾燥高麗アザミ）…… 10g
<コンドゥレヤンニョム>
　薄口醤油 …… 大さじ1強
　エゴマ油 …… 大さじ1
　ニンニクのみじん切り
　　…… 小さじ1
　長ネギのみじん切り
　　…… 小さじ1
水 …… 400㎖

<仕上げのヤンニョム>
　醤油 …… 大さじ1
　ゴマ油 …… 大さじ1/2
　コチュカル（唐辛子）
　　…… 小さじ1/2
　ニンニクのみじん切り
　　…… 小さじ1/2
　長ネギのみじん切り
　　…… 小さじ1/2
　小ネギ・またはニラの
　　小口切り …… 少々

作り方

1 乾燥コンドゥレは一晩水に浸す。

2 戻したコンドゥレはよく洗い、改めてたっぷりの水と共に沸騰させて20分煮る。ザルにとって水にさらし、水けを絞る。コンドゥレが大きい場合は食べやすい大きさに切って、**ヤンニョム**する。

3 洗って水に浸した米の上に、2のコンドゥレをのせて炊く。はじめは中火強で炊き始め、沸騰したら弱火にして10分程炊く。水気がなくなったら火を止めて蒸らす。

4 炊き上がったら仕上げの**ヤンニョム**を混ぜる。

영양밥

ヨンヤンパッ

栄養ご飯

旬の野菜や豆などを入れ、甘く仕上げる栄養満点な炊き込みご飯。
産地では、高麗人参や松茸を入れる場合もある。

コンドゥレパッ／ヨンヤンパッ

3 ご飯と麺

材料（米3合分）
ウルチ米 …… 2合
餅米 …… 1合
乾燥ナツメ …… 8～10個
栗（またはサツマイモ）…… 180g
黒仙石大豆 …… 大さじ1
塩 …… 小さじ1
水 …… 600㎖

作り方
1 ウルチ米は洗って30分水に浸してザルに上げて水切りし、餅米は洗っておく。
2 ナツメは包丁で縦にかつらむきのようにむいて種を取り、6等分にする。栗は皮をむいて1㎝角に切り、軽く水にさらす。
3 黒仙石大豆はサッと洗い、表面の皮がはじけるまでフライパンで炒る。
4 1～2と3を鍋に入れて水と塩を入れて炊く。はじめは中火強で炊き始め、沸騰したら弱火にして10分程炊く。水気がなくなったら火を止めて蒸らす。

ひと言
黒豆を入れる事が多いが、その場合は黒豆20g程を6～8時間水に浸して充分に膨らんだものを水切りして入れる。サツマイモを使う場合は、皮ごと1㎝角に切って、水にさらしてから炊く。松茸は食べよく切るか手で裂いて入れる。ナツメの量を増やすと甘みが増す。

113

전복죽

済州島

전복죽
チョンボッジュク

アワビ粥

「チョンボッ」はアワビ、「ジュク」は粥。
魚介類が豊富な済州島ならではの郷土料理のアワビ粥。
必ずアワビの内臓を入れるのも特徴で、お米とともにゴマ油で炒めて作る。
内臓の色がきれいに出た粥は深みのある贅沢な味になる。

材料（2人分）

活きアワビ …… 2個（1個60g程度）
餅米 …… 1/4カップ
ウルチ米 …… 1/4カップ
昆布出汁 …… 600〜750㎖
白イリゴマ …… 適量
塩 …… 適量
薄口醤油 …… 少々
ゴマ油 …… 適量
好みで焼き海苔 …… 適量

作り方

1 餅米は洗って2時間程、ウルチ米は洗って30分程、水に浸しておく。
2 アワビは身に塩をこすりつけてタワシでよく洗い、殻の薄い部分からスッカラ（スプーン）などで身をはずし、肝と口をはずす。身は薄切りにする。
3 肝は包丁でよく叩いて、水けをきった米類と合わせてゴマ油で炒める。米が白っぽくなってきたら昆布出汁の半量を入れ、沸騰したら蓋をして火を弱め、煮込む。
4 水分がなくなってきたら残りの昆布出汁を全部入れて、さらに15分煮込む。米が柔らかくなり、全体的にとろみが付いてきたら、仕上がる5分前にアワビの身を入れて火を通し、塩と薄口醤油で味を調え、イリゴマと海苔を散らす。

アワビは殻の薄い部分にスッカラを入れて身をはずす。

肝と口をはずす。

鍋にゴマ油を引いて、米と包丁で叩いた肝を入れて炒める。

肝と共に炒め、米が白くなってきたら昆布出汁の半量を入れて煮込む。

水分がなくなってきたら残りの昆布出汁を入れる。

さらに混ぜながらとろみが付くまで15分煮込む。

仕上がる5分前にアワビの身を入れて火を通す。

3 ご飯と麺 チョンボッジュク

호박죽

ホバッジュク

カボチャ粥

「ホバッ」はカボチャ、「ジュク」は粥の事で、全国的に食べられるお粥。
甘いカボチャ（タンホバク）を使い、餅粉や米粉を使ったり、炊いた米も米粒が残らないように調理するのが特徴。
白玉団子を入れてデザート風に作る場合もある。

材料（作りやすい分量）
カボチャ …… 1/8個（150〜180g）
水 …… 200㎖
塩（または砂糖）…… 少々
ご飯 …… 大さじ1
（または餅粉 …… 小さじ1〜2）
松の実、ナツメ（飾り用）…… 適量

作り方
1 カボチャは種を取って皮をむき、薄切りにする。
2 鍋に水を注ぎ、1のカボチャを入れて熱し、沸騰したら弱火にして約5分程柔らかくなるまで煮る。
3 煮汁ごとミキサーにかけて撹拌し、ペースト状になったらご飯も加えてかるく撹拌する。固いようなら湯を足す。
4 塩または砂糖で味付けし、飾り用の松の実とナツメを散らす。

옥수수죽

オッススジュク

トウモロコシ粥

「オッスス」はトウモロコシなので、トウモロコシの粥の事。
トウモロコシ生産量が多い江原道はトウモロコシ料理が様々あるが、粥もその一つ。
小豆やその他の豆、干し芋などを入れて作ったり、トウモロコシを餅粉と共に団子にして浮かべたりする事もある。

材料（2人分）

- 米 …… 1/4カップ
- トウモロコシ …… 1本
- 水 …… 500㎖
- 塩 …… 少々（小さじ1/8）
- 黒コショウ …… 少々

作り方

1. 米は洗い、水300㎖に1時間程しっかり浸水させておく。
2. トウモロコシは皮をむいて実だけをこそぎ（飾り用に少しとっておく）、1の米と水を一緒にミキサーで滑らかになるまで撹拌する。その後ザルで濾す。
3. 鍋に移して水200㎖を足し、かき混ぜながら中火で煮る。沸騰してきたら弱火にして常にかき混ぜながらゆっくり10分程煮る。
4. 途中、とろみ具合を調整しながら少しずつ水を足してもよい。
5. 塩で味を調え、ゆでた飾り用のトウモロコシと黒コショウを散らす。

떡볶이

トッポッキ

餅の甘辛煮

米粉が原料のモチ、トッポッキを甘辛く煮込んだおやつ感覚の料理。
元々は宮中で醤油味に調理された宮中トッポッキが始まり。
現代では、コチュジャンベースのものがメインとなり、
様々なトッピングで楽しむ食べ方もある。
母親が子供のために作ったり、屋台や粉食店で人気のメニュー。

材料（2人分）

米粉のトッポッキ …… 240g
オムク（韓国おでん）…… 2枚
卵 …… 2個
長ネギ …… 1/3本
イリコ出汁 …… 400ml

＜ヤンニョム＞
コチュジャン …… 大さじ2
砂糖 …… 大さじ1・1/2〜2
醤油 …… 小さじ1

作り方

1 トッポッキは洗っておく。オムクは湯をかけて対角線状に4等分に切っておく。卵はゆで、長ネギは薄切りにしておく。
2 鍋に出汁を入れて温め、**ヤンニョム**の材料を混ぜ合わせて加えて溶かし、煮えてきたら1のトッポッキ、オムク、長ネギ、ゆで卵を入れてときどき混ぜながら、とろみが出るまで煮る。

비빔막국수

江原道

비빔막국수

ピビンマッククス

蕎麦のピビン麺

江原道は蕎麦畑が広がる地域がある事から、
小麦粉やジャガイモで作る麺より、蕎麦粉で作った麺が有名。
マッククスは蕎麦粉で作った麺、またはその麺で作った料理の事。
コチュジャンベースで食べる蕎麦麺のピビンマッククスの他、
水冷麺や大きなお盆のような器に盛り付ける
チェンバンマッククスなど全て蕎麦粉麺で作られている。

材料（2人分）

蕎麦乾麺 …… 160g
サンチュ …… 2〜3枚
キュウリ …… 1/2本
ゆで卵 …… 1個
赤キャベツ …… 30g
ニンジン …… 50g
豆モヤシ …… 50g
白スリゴマ …… 大さじ1
韓国海苔 …… 全形1枚
塩 …… 少々

<ヤンニョム>
コチュジャン …… 大さじ1強
コチュカル（粉唐辛子）…… 小さじ1
酢 …… 大さじ1強
砂糖 …… 小さじ1・1/2
おろし玉ネギ …… 小さじ2
梨汁 …… 小さじ2
韓国水アメ …… 小さじ2
醤油 …… 小さじ2
おろしニンニク …… 少々
おろしショウガ …… 少々
ゴマ油 …… 少々

作り方

1　**ヤンニョム**は全て合わせて2日程度冷蔵庫で熟成させておく。
2　サンチュ、キュウリ、赤キャベツ、皮をむいたニンジンはせん切りにし、豆モヤシはひげ根を取り除き、塩少々と共に5分蒸しゆでにする。ゆで卵は縦半分に切っておく。
3　蕎麦をゆでて冷水にとり、しっかり水切りしたら器に盛り付ける。
4　蕎麦の周りに野菜とゆで卵を盛り付け、準備した**ヤンニョム**をかけ、韓国海苔と白スリゴマをかける。好みでゴマ油をかけてもよい。

물냉면

ムルネンミョン
水冷麺

スープがある冷麺の事で、その中でも蕎麦粉麺を使ったムルネンミョンは、
平安道の平壌地方でもともと食べられてきたもので平壌冷麺と言う。
朝鮮戦争の時に韓国へ避難してきた人々によって持ち込まれたと言われる。
その後平安道の郷土料理として全国に広がり、今では平壌冷麺専門店も多い。
好みで酢と辛子を足しながら食べる。

北朝鮮

材料（2人分）

※1牛スープ …… 500㎖
※2トンチミの漬け汁
　　…… 500㎖
塩 …… 小さじ2/3
砂糖 …… 大さじ1/2
コショウ …… 少々
冷麺用麺（蕎麦麺）
　　…… 320g

ゆで卵 …… 1個
ゆで肉の薄切り（牛スープを
とったもの）…… 4枚
※3大根の甘酢漬け …… 適量
キュウリのせん切り …… 適量
白イリゴマ …… 少々

作り方

1 麺を指定通りにゆでて水にとり、ザルにあけて水け
をきったら器に盛り付ける。

2 大根の甘酢漬けとキュウリのせん切り、牛スープで
使った牛肉を薄切りにして盛り付け、1番上に半分
にしたゆで卵を飾る。

3 牛スープとトンチミの漬け汁を合わせて、塩、砂糖、
コショウで味付けし、静かに注ぐ。

4 白イリゴマをふる。好みで酢と辛子を足しながら食べる。

※1牛スープの作り方

材料

牛スネ肉 …… 500g
水 …… 1.6ℓ
大根 …… 100g
玉ネギ …… 100g

粒コショウ …… 10粒
ニンニク …… 2片
長ネギ …… 5㎝
ショウガ …… 1かけ

作り方

1 牛スネ肉は水に30分程度浸けて血抜きをする。

2 1の牛スネ肉とスープの材料を鍋に入れて強火で煮る。
アクを取り除き、蓋をして弱火でコトコト1時間半煮る。

3 出来上がったスープは肉を取り出し、さらしで漉し、
冷まして脂を取り除く。

※2トンチミの作り方（大根の水キムチ）

材料

大根 …… 500g
塩漬け用の塩 …… 大さじ1
青唐辛子 …… 1本
万能ネギ …… 1～2本
リンゴ …… 1/6個

ニンニクの薄切り …… 1片分
ショウガの薄切り …… 2枚
水 …… 1ℓ
漬け汁用の塩 …… 大さじ1
砂糖 …… 大さじ1

作り方

1 大根はきれいなタワシでよく洗い、2㎝幅程度のいちょう
切りにしてボウルに入れ、分量の塩で1時間塩漬けする。

2 1の大根から出た水を捨ててサッと洗い、穴を開け
た青唐辛子と、根を落とし、二つ折りにして葉先を巻
き付けた万能ネギ、スライスしたリンゴ、その他の材
料を合わせて室温で発酵させ、冷蔵庫で保存する。

3 表面にフツフツと泡が出てきたら冷蔵庫に入れて1
週間程寝かせる。

※3大根の甘酢漬けの作り方

材料

大根 …… 正味150g
塩小さじ …… 1/4

グラニュー糖 …… 小さじ1弱
酢 …… 大さじ1/2

作り方

1 大根の皮をむいて薄切りにし、分量の塩、グラニュー
糖、酢で漬ける。味が入るまで半日程冷蔵庫に置く。

3 ご飯と麺　ムルネンミョン

123

짜장면

チャジャンミョン

韓国式ジャージャー麺

京畿道

京畿道の仁川チャイナタウンがチャジャンミョン発祥で、全国に広がった。
ジャージャー麺が主にテンメンジャンを使うのに対し、チャジャンミョンはチュンジャンという味噌を使うのが特徴。

材料（2人分）

- 中華麺 …… 200g
- 豚バラ薄切り肉 …… 80g
- 玉ネギ …… 70g
- ジャガイモ …… 70g
- ニンジン …… 50g
- ショウガのみじん切り …… 小さじ1/2
- 片栗粉 …… 大さじ1
- サラダ油 …… 適量
- チュンジャン …… 100g
- サラダ油 …… 大さじ1
- 水 …… 220㎖
- 砂糖 …… 小さじ1
- キュウリ（飾り用） …… 適量

作り方

1. 豚バラ薄切り肉と玉ネギ、ジャガイモ、ニンジンは1.5㎝角に切って、ショウガと共にサラダ油をひいたフライパンで肉に火が通るまで炒める。一旦取り出しておく。
2. フライパンに大さじ1のサラダ油とチュンジャンを入れて炒め合わせる。
3. 2に水220㎖を入れてチュンジャンと合わせ、炒めた豚肉、野菜、砂糖を入れ、野菜に火が通るまで煮る。
4. 片栗粉を水で溶いて3に入れ、とろみを付けて仕上げる。
5. 麺を指定通りにゆでる。
6. 器に麺を盛り付け、その上から4のソースをかけてキュウリのせん切りを飾る。

◆ チュンジャン
主に韓国式ジャージャー麺を作る時にだけ使われる味噌で、小麦粉と大豆、それにカラメルなどを加えて作られている。

콩국수

コングクス

冷やし豆乳麺

コンは「豆」という意味なので豆から作るスープの麺料理の事。
夏を代表する麺料理で、専門店以外では夏限定メニューとして提供している店が多いのも特徴。

京畿道

材料（2人分）

乾燥大豆 …… 1/2カップ（約75g）
キュウリ …… 1/2本
冷麦 …… 140〜150g
白イリゴマ …… 小さじ2
松の実 …… 小さじ2
ピーナッツ …… 5g
白イリゴマ、塩、砂糖 …… 各適量

作り方

1 乾燥大豆は洗ってたっぷりの水とともにボウルに入れ、大豆がパンパンになるまで5〜6時間浸しておく。キュウリはせん切りにしておく。
2 鍋にふやかした大豆と、かぶるくらいの水、塩少々を入れて中火にかけ、煮立ってきたら少し火を弱め、4〜5分煮る（煮すぎないように注意）。
3 ザルにあげ、薄皮を取り除いてゆでた大豆の2倍程度の水と、白イリゴマ、松の実、ピーナッツを一緒にミキサーで滑らかに撹拌する。
4 別鍋で冷麦をゆでて器にきれいに盛り付け、撹拌した3のスープを注ぐ。せん切りのキュウリを盛り付けて白イリゴマを散らす。食べる時には、塩か砂糖で味を調えてもよい。

ゆだった大豆は皮を一つひとつ手でむく。

바지락칼국수

パジラッカルグクス

アサリのうどん

全国的に食べられているカルグクス（手打ちうどん）ですが、京畿道安山市の大阜島の郷土料理。大阜島には大きな干潟があり、そこで獲れるアサリをふんだんに使ったカルグクスが有名。

材料（2人分）

- イリコと昆布の出汁 …… 600㎖
- アサリ（砂出ししたもの）…… 100g
- ニンジン …… 15g
- 韓国カボチャ …… 30g
- 玉ネギ …… 1/8個
- 赤生唐辛子 …… 1/3本
- 薄口醤油 …… 大さじ1
- ニンニクのみじん切り …… 小さじ1/2
- 塩、コショウ …… 各少々
- カルグクス用麺 …… 160g

作り方

1. ニンジンと韓国カボチャはせん切りにし、玉ネギは薄切り、赤生唐辛子は小口切りにする。
2. 鍋に出汁とアサリを入れて火にかけ、口が開いたらアサリを取り出す。
3. 2の出汁の中に、準備したニンジン、韓国カボチャ、玉ネギを入れて煮る。
4. 麺の余分な粉をはらい、出汁の中で5分程煮る。麺が柔らかくなったら。アサリを戻し入れ、薄口醤油、ニンニク、塩、コショウで味を調え、赤生唐辛子を入れてひと煮立ちさせる。

※カルグクス用麺が手に入らない時は、乾麺を代用してもよい。その場合は表示通りの茹で時間で茹でる。

장칼국수

ジャンカルグクス

韓国式味噌うどん

江原道の郷土料理。一般的なカルグクスは、魚の出汁や貝の出汁が効いた出汁が特徴だが、これは出汁にコチュジャンやテンジャン（大豆味噌）を使って煮込む、深みのある味わい。「カル」は包丁、「グクス」は麺という意味で、生地を手切りして作るのがカルグクスと呼ばれる。

材料（2人分）

- 玉ネギ …… 100g
- 長ネギ …… 1/3本
- 赤生唐辛子 …… 1/2本
- ジャガイモ …… 100g（約小1個）
- エホバッ（韓国カボチャ）…… 1/3本
- シメジ …… 50g
- イリコ、干しエビ、昆布の出汁
  …… 800㎖
- カルグクス用麺 …… 160g
- もみ海苔、白イリゴマ …… 各適量

＜スープのヤンニョム＞
- コチュジャン …… 大さじ1
- 薄口しょうゆ …… 大さじ1
- テンジャン …… 大さじ1/2
- 酒 …… 大さじ1
- ニンニクのみじん切り
  …… 大さじ1/2
- コショウ …… 少々

作り方

1. 玉ネギは薄切り、長ネギと赤生唐辛子は小口切り、ジャガイモとエホバッ（韓国カボチャ）は細切り、シメジは石づきをとって房を分けておく。
2. 出汁に玉ねぎ、長ネギ、ジャガイモ、シメジを入れて2～3分煮た後、**ヤンニョム**の材料を全て入れる。カルグクス用麺の粉をはたいて落としてから入れ、5分ゆでる。
3. 最後に、エホバッと赤生唐辛子を入れてエホバッが煮えたら火を止めて器に盛り付ける。
4. 揉み海苔、イリゴマなどをふってもよい。

COLUMN.5
食用ヨモギと薬ヨモギ

韓国ではヨモギは食用だけでなく、薬用としても使われます。干したものは、薬草としてヨモギ蒸しなどに使われることが多く、体を内側から温めて婦人病やデトックスに効果があるとされています。

江華島で採れる上質のヨモギ

ヨモギはキク科の多年草で、韓国に数十種類自生していますが、そのほとんどが食用、薬用として使われています。干したものの多くは、薬草としてヨモギ蒸しなどに使われ、体を内側から温めて婦人病やデトックスに効果があるとされ、韓国各地のチムチルバン(サウナ)や専門店で体験する事ができます。

韓国ではヨモギは大変身近なものですが、中でもソウルから西へ50kmに位置する仁川広域市江華郡の「江華島」で採れるヨモギが有名です。江華島は周囲を海に囲まれているため、ミネラルを含んだ海風と海から立ち上る霧を浴び、排水性の良い土壌で育つため上質なヨモギが育つといわれています。3月〜5月頃になると新芽がきれいなヨモギ畑を見る事ができます。見事なグリーン一色の畑は、陰暦の端午の時期に収穫され潮風が通る場所で陰干しして熟成乾燥させます。熟成期間は3年。長く熟成させる事により、ヨモギの良い成分がより増加します。そこで江華島で育ったヨモギは「薬ヨモギ」と呼ばれています。江華島のヨモギでヨモギ蒸しをするためにわざわざ訪れる人も少なくありません。また、数多くのヨモギ蒸しサロンでも、江華島のヨモギを使うところが多いそうです。

ヨモギの種類と効用

ヨモギの種類は「サジャバル(獅子足)ヨモギ」と「サジュアリヨモギ」の2種が主な種類で、葉緑素であるクロロフィルとフラボノイドの一種であるユーパフォリン、精油成分であるチネオールが豊富に含まれています。ヨモギの葉はハーブならではの独特の香りを持ち、手でもむとその香りはさらに強くなります。また、植物性繊維やカリウム、鉄分を含み、良質のミネラルを多く含む優れたアルカリ性食品としても知られています。

江華島では乾燥させた「薬ヨモギ」は、ヨモギ蒸し以外に煮出してお茶にしたり、薬用成分を含ませた石鹸にします。また韓国全土ではヨモギは「スッポムリ」といううるち米と合わせた蒸し餅にしたり、もち米と合わせた「スットク(ヨモギ餅)」などの他、春の収穫の際に新芽を肉と合わせて団子を作り、スープにする「エタン」という料理も食べられています。春を告げる食材として彩りや香りを添えるばかりでなく、栄養豊富なヨモギは長きにわたり韓国食や薬として、韓国人の生活には欠かせないものなのです。

1 韓国には数十種類のヨモギが自生していると言われている。 2 ヨモギ蒸しなど薬草として使うため、束にして乾燥させた後、さらにそのまま3年程熟成させる。 3 収穫したばかりのヨモギはまだ青々としていて柔らかいが時間をかけてゆっくりと乾燥させる。 4 ヨモギ畑の側にあるヨモギ乾燥小屋に入ると、束にしたヨモギが藤棚のように吊るされている。 5 江華島で収穫されるサジャバル(獅子足)ヨモギと言われる種類で6月頃収穫し、じっくり乾燥熟成させる。 6 3月〜5月頃の江華島では一面に広がるヨモギ畑を見ることができる。

COLUMN.6

食卓上の妙薬、エゴマ

肉や刺身を食べる時に欠かせない野菜、それはケンニプ（エゴマの葉）。日本ではちょっとマイナーな存在ですが、韓国人にとってエゴマは身近な食材です。

韓国を代表する薬草

　エゴマの歴史は古く、日本では縄文時代から食べられた最古の作物の一つです。「えぐさ」「あぶらえ」の呼び名や、エゴマを食べると10年長生きするとの言い伝えから「ジュウネン」とも呼ばれています。荏原など地名に「荏」が付く場所の多くはエゴマ（荏胡麻）の栽培地であった事に由来するそう。エゴマはゴマ科ではなく、シソ科の1年草で、日本のシソや中国のパクチーのように、韓国を代表する香草です。また、葉、種子、種子から絞られる油も食用として広く使われています。

　「食卓上の妙薬」と呼ばれるほど栄養が豊富で、朝鮮時代の名医・許浚（ホ・ジュン）は、自分の著書「東医宝鑑」に「エゴマの葉は胃腸を丈夫にし体を温める。味は辛いが毒はなく、咳を抑え喉の渇きを癒す効果がある」と記しています。

　葉はシソによく似ていますが、シソよりも葉に厚みがあり、香りは独特です。包み野菜に欠かせないので、家庭菜園で育てている人も少なくはありません。また独特な香りを生かしてキムチや味噌漬け、醤油漬けなどにします。種子はすり潰した物がトゥルケカルと呼ばれ、スープに使われたりナムルにあえたり、スリゴマ同様に使われますが、皮を取り除いたトゥルケカルをスープに入れると独特な香りととろみが楽しめます。皮を残したトゥルケカルは臭み消しの役割で肉の鍋料理の仕上げにも使います。食欲をそそる香りは様々な食材との相性が良く韓国料理の調味料の一つとして重宝されています。

注目されている
トゥルギルム（エゴマ油）

　日本でも注目されているトゥルギルム（エゴマ油）は、オメガ3のα―リノレン酸を多く含むとされ、健康を守る上で大切な成分を含む油です。これは人間の体の中では作る事ができないので、積極的に食事に取り入れたい成分です。そこでナムルや海苔などゴマ油と同様に使用されます。

　葉、種子、油と、エゴマを余す事なく使う韓国人の食卓は香り豊かでとても健康的。食欲をそそり、免疫力を高めるエゴマはこれからも変わらず韓国料理の名脇役として愛され続けるでしょう。

1 日本のシソと似ているがシソよりも大きめのものが多く、少し肉厚で香りも強い。　2 焼肉や刺身を巻いて食べる食べ方の他、鍋料理にも使われ、生でも火を通してもおいしく食べられる。　3 韓国料理ではエゴマの消費が多く、スーパーなどでも必ず目にするが大量に購入する人も少なくない。　4 用途によって使い分けるエゴマの粉は、殻をつけたまますりつぶしたもの（左）と殻を取り除いてあるもの（右）がある。　5 エゴマの種子から抽出するエゴマ油は葉と同様に香ばしい香りが特徴で、ナムルなどに使われる。

129

第4章

ジョン・ナムル

韓国の食卓に、必ずと言っていいほど野菜のナムルが並びます。
季節の野菜をふんだんに取り入れ、小さなおかずとしていただきます。
ジョンは日本でいう、チヂミ。粉を入れて焼くものや薄い衣だけで焼くものなど、
おかずにおつまみにと人気のものばかりです。
お馴染みのナムルから韓国ならではのものまで紹介します。

녹두전

ノクトゥジョン

緑豆チヂミ

元々は平安道（ピョンアンド）の郷土料理。名節や祝いの席には欠かせないものだったが、ソウルの「広蔵市場（クァンジャンシジャン）」の名物として観光客の中でも人気の屋台料理になった。緑豆は石臼で挽くのがおいしさの秘訣だが、家ではミキサーを使えば簡単。また、必ずモヤシを入れるのがポイント。

材料（2〜3人分）

むき緑豆 …… 1/2カップ
　（ふやかしたもの160g）
白菜キムチ …… 80g
豚ひき肉 …… 60g
モヤシ …… 60g
長ネギ …… 10㎝程
上新粉（米粉） …… 大さじ2〜3

＜ヤンニョムA＞
醤油 …… 小さじ1/2
塩、コショウ …… 少々
ショウガ汁 …… 少々

＜ヤンニョムB＞
醤油 …… 大さじ1
酢 …… 大さじ2
ニンニクのみじん切り …… 小さじ1/2
長ネギのみじん切り …… 小さじ1/2
コチュカル（粉唐辛子） …… 少々

作り方

1　緑豆は洗って、5時間程水に浸してふやかす。ふやかした緑豆は、緑豆の1/5程の水と共にミキサーで撹拌する。
2　1を上新粉と混ぜておく。
3　キムチは汁気をきって細かく切り、モヤシも30秒程ゆでて細かく切っておく。長ネギはみじん切りにしておく。
4　ボウルにヤンニョムAの材料を混ぜ合わせ、豚ひき肉を入れてヤンニョムしておく。
5　2の生地に切ったキムチ、ゆでて適宜に切ったモヤシ、長ネギ、4の豚ひき肉を入れて混ぜる。
6　フライパンに多めのサラダ油（分量外）をひいて5を入れ、両面焼く。食べる時にヤンニョムBを混ぜ合わせて付ける。

緑豆を水とともにミキサーに入れ、粒が少し残っている程度に撹拌する。

サラダ油をひいたフライパンにスプーン2本を使ってまとめ、スプーンの背で上から押す。

ひと言
玉ネギの醤油漬け（ヤンパチャンアチ）と一緒に食べるとおいしい。

ノクトゥジョン／ヤンパチャンアチ
4　ジョン・ナムル

양파장아찌
ヤンパチャンアチ

玉ネギの醤油漬け

韓国の玉ネギは、日本のものと比べると
辛味がほとんどなく、生でもクセがないのが特徴。
醤油漬けにした玉ネギは、
ノクトゥジョン（緑豆のチヂミ）と合わせて食べると合う。

材料

玉ネギ …… 大1個
青唐辛子 …… 1本
赤生唐辛子 …… 1本
ニンニク …… 2片
＜ヤンニョム＞
　醤油 …… 1カップ
　水 …… 150㎖
　酢 …… 80㎖
　酒 …… 大さじ2
　砂糖 …… 大さじ2

作り方

1　玉ネギは縦横2〜3㎝に切って、青唐辛子と赤生唐辛子は1㎝幅に切り、ニンニクは半分に切っておく。
2　酢以外のヤンニョムを小鍋に入れて火にかけて沸騰させ、砂糖を溶かして火を止め、酢を加える。
3　煮沸消毒したガラス瓶に1を詰め、2のヤンニョムを入れる。
4　冷めたら冷蔵庫へ入れ、1〜2日程度寝かせて出来上がり。

133

굴전

クルジョン

牡蠣のチヂミ

ジョン（チヂミ）は、材料に粉と卵を付けて焼く方法と、
生地を作ってその中に材料を入れて焼く方法があるが、牡蠣のジョンは両方ある。
ここでは前者を紹介。牡蠣の身がぷっくりしたら火が通った合図。
南部沿岸地域ではよく食べられていたものだが、忠清南道が天然牡蠣の産地。

忠清道

材料（2人分）

牡蠣 …… 8個
卵 …… 1個
小麦粉 …… 適量
塩、コショウ …… 各少々
ニンジンのみじん切り …… 少々
小ネギの小口切り …… 少々
<ヤンニョム>
　醤油 …… 大さじ1
　酢 …… 大さじ1/2
　ニンニクのみじん切り …… 少々
　白スリゴマ …… 少々

作り方

1 牡蠣は塩水で洗い、キッチンペーパーで水けをよく拭きとって塩、コショウをふり、小麦粉をまぶし、余分な粉をはたき落とす。ボウルにヤンニョムの材料を混ぜ合わせておく。
2 別のボウルに卵を割りほぐし、ニンジンのみじん切りと小ネギの小口切りを混ぜ合わせ卵液を作る。
3 フライパンに多めのゴマ油（分量外）をひき、牡蠣を卵液にくぐらせて中火弱の火加減で、両面焼き色が付くまで焼く。**1**の**ヤンニョム**を付けて食べる。

김치전

キムチジョン

キムチチヂミ

韓国ではキムチは発酵させて食べるものだが、
発酵が進んで酸味が強くなったものはチゲやジョン（チヂミ）にする事が多く、
わざと発酵を進めて酸っぱいキムチを準備する事もある。
発酵したキムチは火を入れる事により酸味がまろやかになるので食べやすくなり、
肉類やチーズなどを合わせてもよく合う。

材料（2枚分）

発酵した酸っぱいキムチ
　　…… 120g
小麦粉 …… 60g
水 …… 60ml
卵 …… 小1個
醤油 …… 少々
ゴマ油 …… 適量
セリ …… 適量

＜ヤンニョム＞
醤油 …… 大さじ1
酢 …… 大さじ1
長ネギのみじん切り
　　小さじ1/2
ニンニクのみじん切り
　　…… 少々

作り方

1　キムチは酸味があるものを準備し、細かく刻む。
2　小麦粉に分量の水を混ぜ、溶いた卵と醤油を入れ、1のキムチを軽く絞って加える。
3　フライパンにゴマ油をひいて2を流し入れ、セリを乗せて焼き、両面さっくりと仕上げる。
4　**ヤンニョム**を合わせて3のキムチジョンに添える。

4 ジョン・ナムル　クルジョン／キムチジョン

배추전

慶尚道

배추전

ペチュジョン

白菜のチヂミ

ペチュジョンは慶尚道の郷土料理。
冠婚葬祭は勿論、日常の食事としてもよく作られる。
韓国の白菜は水気が少ないが、
日本の白菜は水気が多いので干してから焼くと水っぽくならず、焼きやすい。

材料（2人分）

白菜 …… 3〜4枚
小麦粉 …… 大さじ5
水 …… 大さじ3
塩、コショウ …… 少々
サラダ油 …… 適量

＜ヤンニョム＞
醤油 …… 小さじ2
酢 …… 小さじ2
白イリゴマ …… 小さじ1/4
ゴマ油 …… 小さじ1/4
ニンニクのみじん切り …… 少々
長ネギのみじん切り …… 少々
コチュカル（粉唐辛子）…… 少々

作り方

1 白菜はザルに広げて半日から1日程度干す。（窓際など、部屋干しでよい）
2 白菜を洗ったら、キッチンペーパーで水けを拭き取り、軽く塩、コショウする。
3 フライパンに多めのサラダ油をひき、小麦粉と水を合わせた衣にくぐらせて両面サックリと焼く。
4 ヤンニョムを合わせて作り、3のペチュジョンに添え、付けて食べる。

ひと言
ペチュジョンに使う白菜は小ぶりなので、日本の白菜で作る場合は、芯に近い葉の小さい部分を使うとよい。

4 ペチュジョン ジョン・ナムル

감자전

江原道

감자전

カムジャジョン

ジャガイモのチヂミ

ジャガイモの産地は、江原道が有名なので、江原道でよく食べられる料理。
皮をむいたジャガイモはフードプロセッサーなどを使わず、
おろし金を使ってすりおろした方が食感が違い、仕上がりがおいしくなる。

材料（2人分）

ジャガイモ（男爵）…… 大2個（約350g）
片栗粉 …… 小さじ1
塩 …… 少々
ゴマ油（またはサラダ油）…… 適量

＜ヤンニョム＞
醤油 …… 大さじ1
酢 …… 大さじ2
ニンニクのみじん切り …… 小さじ1/2
長ネギのみじん切り …… 小さじ1/2
ゴマ油 …… 小さじ1/2
コチュカル（粉唐辛子）…… 少々

作り方

1 ジャガイモは皮をむき、水にさらしておく。さらにすりおろして、ボウルを重ねたザルにとる。
2 しばらく置き、ボウルの中の上澄みを捨てて、残ったでんぷんに**1**のジャガイモを加え、片栗粉、塩を合わせる。
3 フライパンにゴマ油をひき、**2**をスッカラ（スプーン）ですくって小さく食べやすい大きさに整えながら、両面焼いて中まで火を通す。
4 **ヤンニョム**を合わせ**3**のカムジャジョンに添え、付けて食べる。

ジャガイモはボウルを重ねたザルの上ですりおろし、ザルにとる。

少し時間をおいてボウルの中の汁が分離してきたら、上澄みを捨てる。

ボウルに残ったデンプンにすりおろしたじゃがいもを加える。

동래파전

トンネパジョン

ネギのチヂミ

「パ」はネギ、「ジョン」はチヂミの事。慶尚道（キョンサンド）の釜山を代表する郷土料理。
東莱（トンネ）で作られる東莱パジョンは、かつて李王朝時代、宮廷に献上された伝統ある料理。

慶尚道

材料（2枚分）

小麦粉 …… 165g
溶き卵 …… 2個分
アサリ出汁 …… 約200ml
アサリ …… 150g
エビ、イカ …… 各60g
ワケギ（または万能ネギ）…… 150g
塩、コショウ …… 各少々
サラダ油、ゴマ油 …… 各適量
＜ヤンニョム＞
　醤油、酢 …… 各大さじ1
　長ネギ、白イリゴマ、ゴマ油
　　…… 各少々
　ニンニクのみじん切り、コチュカル
　　（粉唐辛子）…… 各少々

作り方

1 アサリは砂出ししてよく洗い、200mlの水とともにゆで、口が開いたらそのまま冷ます。冷めたら身を取り、出汁を取っておく。
2 ワケギ（万能ネギ）は18cmくらいに切り揃え、エビは背ワタを取って小さく切る。イカも小さく切り、卵は溶いておく。
3 ボウルに小麦粉と塩、コショウ、アサリの出汁を入れ、1個分の溶き卵を加えて混ぜ合わせる。
4 できた生地に2のワケギ（万能ネギ）をからませ、サラダ油とゴマ油をひいたフライパンに広げ、その上に海鮮類をのせ、さらに生地をからませたネギを置いて焼く。片面に溶き卵の残りをかけて焼く。
5 **ヤンニョム**を合わせて4のパジョンに添え、付けて食べる。

풋고추전

プッコチュジョン

青唐辛子のチヂミ

全国的に家庭でよく作られるおかずで、「プッコチュ」は青唐辛子の事。
中身に肉だけでなく豆腐を入れるのが特徴で、焼く事で生とは違う青唐辛子のおいしさが感じられる。
ここではオイコチュという辛味を抑えた大きくて肉厚な唐辛子を使っている。

材料(2人分)

青唐辛子 …… 大6本
木綿豆腐 …… 60g
豚ひき肉 …… 120g
長ネギのみじん切り
　…… 大さじ1
醤油 …… 小さじ1
ニンニクのみじん切り
　…… 少々
塩、コショウ …… 少々
片栗粉、小麦粉 …… 各適量
溶き卵 …… 1個分

＜ヤンニョム＞
醤油 …… 大さじ1
酢 …… 大さじ1/2
ゴマ油 …… 少々
コチュカル(粉唐辛子)
　…… 少々
ニンニクのみじん切り
　…… 少々
白イリゴマ …… 少々

作り方

1 青唐辛子はヘタを切り落とし、縦半分に切って種を取り除く。
2 木綿豆腐は重石をし、余分な水を抜いてボウルに入れる。豚ひき肉と長ネギも入れて混ぜ、醤油、ニンニクを加えてよく混ぜる。塩、コショウで味を調える。
3 青唐辛子の内側に片栗粉をはたいて2を詰め、表面に小麦粉をふりかける。
4 フライパンにサラダ油を少し多めにひき、小麦粉をふった面に溶き卵を付けて焼く。蓋をして、弱火でじっくり火を通す。
5 **ヤンニョム**を合わせ、食べる時に付ける。

애호박만

애호박만

エホバッジョン

韓国カボチャのチヂミ

「エホバッ」は韓国カボチャの事で、エホバッの「エ」は子供、
「ホバッ」がカボチャ、「ジョン」は付け焼きの「チヂミ」を表す、
全国的に家庭でよく作られるおかずの一つ。
韓国カボチャはその名の通り子供のカボチャなので皮や実が柔らかく、
サッと火を通すだけでおいしいジョンができる。
卵を付けて焼くジョンは卵の黄色を生かすのがコツなので焼き過ぎないように。

材料(4人分)

エホバッ(韓国カボチャ) …… 2/3〜1本
卵 …… 2個
小麦粉 …… 適量
塩、コショウ …… 各適量

＜ヤンニョム＞
醤油 …… 大さじ1
酢 …… 大さじ1・1/2
ニンニクのみじん切り …… 小さじ1/2
長ネギのみじん切り …… 小さじ1/2
ゴマ油 …… 小さじ1/2
白イリゴマ …… 少々
コチュカル(粉唐辛子) …… 少々

作り方

1 エホバッは5mm幅の輪切りにし、塩、コショウをふって5分程おき、キッチンペーパーで水けを拭き取っておく。卵は割りほぐしておく。
2 1のエホバッ全体に小麦粉をまぶして溶き卵にくぐらせ、サラダ油をひいたフライパンで、卵が焦げないように両面焼く。
3 ヤンニョムを合わせておき、焼いたエホバッジョンを付けて食べる。

◆ エホバッ
（韓国カボチャ）

カボチャが完全に大きくなる前に、細長い袋をかぶせて成長を止めて作ったもの。カボチャというより見た目も味もズッキーニに似ていて丸型のものもある。旬は夏だが、1年中使われる韓国料理では欠かせない韓国野菜。但し、地元では道端やスーパー以外で袋をかけずに作ったものを売っている事もある。

4 エホバッジョン ジョン・ナムル

소고기오이볶음

ソコギオイポックム

牛肉とキュウリのナムル

韓国の家庭ではよく作られるナムルで、「ソコギ」は牛肉、「オイ」はキュウリ、「ポックム」は炒めるという意味。
牛肉とキュウリを炒めて作るが、牛肉にあらかじめ味を入れておくのがポイント。
また、水けが出ないようにキュウリも塩をして水けを絞っておく事も大切。

材料（2〜3人分）

キュウリ …… 1本半〜2本
牛ひき肉 …… 100g
＜ヤンニョム＞
　長ネギのみじん切り …… 小さじ1
　ニンニクのみじん切り
　　 …… 小さじ1/2
　醤油 …… 大さじ1
　酒 …… 大さじ1/2
　ゴマ油 …… 大さじ1/2
　砂糖 …… 小さじ1
　ハチミツ …… 小さじ1
　白スリゴマ …… 小さじ1/2
　塩、コショウ …… 各少々

作り方

1 **キュウリ**は塩もみしてサッと洗って薄切りにし、水けはキッチンペーパーなどでしっかり取る。
2 **ヤンニョム**を合わせ、牛ひき肉を混ぜておく。
3 フライパンにサラダ油をひいて、**ヤンニョム**をあえた牛ひき肉を炒め、全体に火が通ったらキュウリを炒め合わせる。

꽈리고추찜

カリコチュチム

シシ唐の蒸し物

「カリコチュ」はシシ唐、「チム」は蒸すという意で、シシ唐の蒸し物の事。家庭でよく作られる夏のおかずの一つ。シシ唐も唐辛子の一種だが一般的な青唐辛子より皮が薄く蒸すと柔らかくとてもおいしく仕上がる。シシ唐は蒸した後、冷ましてからヤンニョムをあえると小麦粉の衣がはがれにくくなる。夏のミッパンチャン（常備菜）としておすすめ。

材料（2〜3人分）

シシ唐 …… 60〜70g
小麦粉 …… 大さじ1/2
〈ヤンニョム〉
　醤油 …… 小さじ1
　韓国水アメ …… 小さじ1
ニンニクのみじん切り
　…… 少々
コチュカル（粉唐辛子）
　…… 少々
白イリゴマ …… 少々

作り方

1 シシ唐はへたを落として洗い、つまようじで数か所穴を開ける。
2 1のシシ唐と分量の小麦粉をビニール袋に入れてよくふり、シシ唐の全体に粉をまぶす。
3 湯気の上がっている蒸し器にクッキングペーパーを敷き、余分な粉を落としたシシ唐を並べて5〜6分蒸す。その時あまり重ならない方がよい。
4 蒸しあがったシシ唐を冷凍庫へ入れて7〜8分急速に冷ます。
5 ヤンニョムを合わせて、4をあえる。

ひと言

シシ唐は1960年代に日本から伝わった唐辛子の変異種で、おもな産地は忠清南道、全羅南道など南部の地方で栽培されている。

145

무생채
ムセンチェ

大根酢

大根を酢であえたさっぱりした
おかずで、日本のなますに似ている。
ビビンバッの具材の一つとしても使われる。

材料（2～3人分）

大根 …… 150g
<ヤンニョム>
　酢 …… 大さじ1/2
　コチュカル（粉唐辛子）
　　…… 小さじ1
　塩 …… 小さじ1/4
　グラニュー糖
　　…… 小さじ1弱
　イリゴマ …… 小さじ1/2
　ニンニクのみじん切り
　　…… 少々

作り方

1 大根は厚めに皮をむき、長さ4cmの細切りにする。
2 切った大根に、コチュカル（粉唐辛子）を合わせてよく混ぜて色を付ける。
3 その他の**ヤンニョム**の材料を入れてよく混ぜる。

가지나물
カジナムル

ナスのナムル

「カジ」はナスで、ナスを蒸して作るナムル。
ナスが柔らかくなるまでしっかり蒸すのがおいしく作るコツ。

材料（2～3人分）

ナス …… 350～400g
糸唐辛子 …… 適量
<ヤンニョム>
　長ネギのみじん切り …… 小さじ1
　ニンニクのみじん切り
　　…… 小さじ1/2
　ショウガ汁 …… 小さじ1/2
　白スリゴマ、コチュカル
　（粉唐辛子）…… 各小さじ1
　醤油、ゴマ油
　　…… 各大さじ1
　ゴマ油 …… 小さじ1

作り方

1 ナスのヘタを落として縦半分に切り、沸騰した蒸し器で竹串が通るまで7～8分蒸す。
2 ナスの粗熱が取れたら手で裂き、軽く絞って合わせた**ヤンニョム**とあえる。仕上げに糸唐辛子を散らす。

참나물무침

チャムナムルムッチム

ミツバのナムル

「チャムナムル」はミツバの事。「ムッチム」はあえ物を意味するので、ミツバのあえ物。
爽やかな香りが好まれる春のナムルで、手早く作れる家庭料理でもある。
地方性はなく全国的に食べられている。

材料（2〜3人分）
ミツバ …… 80g
<ヤンニョム>
　醤油 …… 少々
　塩 …… 少々
　ニンニクのみじん切り …… 少々
　白イリゴマ …… 少々
　エゴマ油 …… 少々
＊ヤンニョムは、醤油の代わりにコチュジャンやテンジャンを混ぜてもよい

作り方
1 塩を少々入れて沸騰させた湯に入れて、根を切り落としたミツバを切らずにサッとゆでる。
2 ゆでたミツバは水にとり、2〜3cmに切りそろえ、ギュッと絞って**ヤンニョム**であえる。

ムセンチェ／オイセンチェ／チャムナムルムッチム
4 ジョン・ナムル

버섯나물

ポソッナムル

キノコのナムル

韓国はキノコの種類が豊富。そこで様々な料理に使われているが、
ナムルはどのキノコを使ってもおいしく仕上がる。ナムルを作る時は、サッと湯通して香りよく仕上げるのがポイント。

材料（2〜3人分）

エリンギ …… 100g
マイタケ …… 100g（またはシメジなど）
小ネギの小口切り …… 適量
塩 …… 適量
＜ヤンニョム＞
　醤油 …… 小さじ1〜1・1/2
　ゴマ油 …… 小さじ1・1/2
　ニンニクのみじん切り …… 小さじ1/2
　コチュカル（粉唐辛子）…… 小さじ1/4
　白イリゴマ、塩、コショウ …… 各少々

作り方

1. エリンギは長さを半分に切って細く裂き、マイタケは小房に分け、沸騰した湯に塩を一つまみ入れ、30秒ゆでてザルにとる。粗熱が取れたらキノコをギュッと絞る。
2. ボウルに**ヤンニョム**の材料を混ぜ合わせ、1を入れて**ヤンニョム**とあえ、小ネギの小口切りを散らす。

ひと言
キノコは手に入るものなら何でもよいが、シメジもオススメ。

오이나물

オイナムル

キュウリのナムル

「オイ」はキュウリの事で、全国的に家庭でよく作られるキュウリのナムル。手に入りやすいキュウリを使って簡単に作れる事も良い点だが、炒める事でキュウリの青臭さがなくなり、とても食べやすくなる。

材料（2〜3人分）

キュウリ …… 3本
ニンニクのみじん切り …… 少々
白イリゴマ …… 適量
塩 …… キュウリの2％
ゴマ油 …… 少々

作り方

1 キュウリは薄切りにして塩をふり、しばらくおく。
2 1をサッと洗ってしっかり水けを絞る。
3 フライパンにゴマ油をしいてニンニクと共に2を炒め、仕上げに白イリゴマをふる。

4 ジョン・ナムル
ポソッナムル／オイナムル

7가지나물

イルゴプカジナムル

7種のナムル

秋に収穫して乾燥させた野菜を、冬の間の保存食として食べる主に乾燥野菜のナムル。また陰暦の1月15日の「正月テボルム（ジョンウォルテボルム）」には、春の訪れを感じながら保存する必要がなくなった乾燥野菜をナムルにする。出汁を含ませながら炊くように炒めて作るナムルはしっとりと柔らかくご飯のおかずやピビンパッの具材としても好まれる。

材料（2人分）

- 皮をむき細切りにした大根 …… 180g
- 戻した乾燥ワラビ …… 120g
- 戻した乾燥韓国カボチャ …… 120g
- 戻した乾燥ナス …… 120g
- 戻した乾燥シラヤマギク …… 120g
- 戻した乾燥大根葉 …… 120g
- 水煮ゼンマイ …… 120g

＜ヤンニョム＞

1. **大根のナムル**
   イリコと昆布の出汁50㎖、薄口醤油小さじ1/2、ショウガ汁少々・砂糖少々
2. **乾燥ワラビ**
   イリコと昆布の出汁50㎖、薄口醤油小さじ2、エゴマ油大さじ1、ニンニクのみじん切り小さじ1/2、長ネギのみじん切り小さじ1、エゴマの粉少々
3. **乾燥韓国カボチャ**
   イリコと昆布の出汁50㎖、薄口醤油大さじ1、エゴマ油小さじ2、ニンニクのみじん切り小さじ1/2、長ネギのみじん切り小さじ1
4. **乾燥ナス**
   イリコと昆布の出汁50㎖、薄口醤油小さじ2、エゴマ油大さじ1/2、エゴマの粉大さじ1、ニンニクのみじん切り小さじ1/2、長ネギのみじん切り小さじ1
5. **乾燥シラヤマギク**
   イリコと昆布の出汁100㎖、薄口醤油小さじ2、エゴマ油大さじ1、ニンニクのみじん切り小さじ1/2、長ネギのみじん切り小さじ1
6. **乾燥大根葉**
   イリコと昆布の出汁100㎖、薄口醤油小さじ2、エゴマ油大さじ1、ニンニクのみじん切り小さじ1、長ネギのみじん切り大さじ1/2
7. **水煮ゼンマイ**
   イリコと昆布の出汁100㎖、醤油大さじ1、砂糖小さじ1・1/2、サラダ油小さじ1、ニンニクのみじん切り小さじ1/2、白スリゴマ小さじ2

作り方

1. 大根は厚めに皮をむき、長さ4㎝の細切りにする。軽く塩をふってよく混ぜ合わせ、20分置き、水けを絞ってサラダ油（分量外）で炒める。**ヤンニョム**を入れて水けがなくなるまで炒める。
2. 乾燥ワラビは洗ってボウルに入れ、熱湯をかけて4～6時間かけて戻し、水けをきる。4～5㎝の長さに切り、薄口醤油とエゴマ油で**ヤンニョム**する。分量外のサラダ油をひき、フライパンにニンニク、長ネギと共に炒め、出汁を入れて水けがなくなるまで炒め最後にエゴマの粉をあえる。
3. 乾燥韓国カボチャは洗ってボウルに入れ、ぬるま湯に40分程浸して戻し、水けを絞る。薄口醤油とエゴマ油で**ヤンニョム**する。フライパンに分量外のエゴマ油をひき、ニンニクと長ネギを加えて炒め、韓国カボチャと出汁を入れ、蓋をする。汁けが少し残るくらいで蓋を開け、汁けを飛ばす。
4. 乾燥ナスは熱湯に3時間程浸して戻し、水けを絞る。長さを揃えて切り、薄口醤油とエゴマ油で**ヤンニョム**する。フライパンに分量外のエゴマ油をひき、ニンニクと長ネギを加えて炒め、乾燥ナスと出汁を入れて蓋をし、汁けが少し残るくらいで蓋を開けて汁けを飛ばす。最後にエゴマの粉をあえる。
5. 乾燥シラヤマギクは3～4時間程水に浸し、その後柔らかくなるまで20分程ゆでる。ゆで上がったら水に取り、しっかり水けを絞って食べやすい大きさに切り、薄口醤油とエゴマ油で**ヤンニョム**する。フライパンに分量外のエゴマ油を入れ、ニンニクと長ネギを加えて炒め、シラヤマギクと出汁を入れ、汁けがなくなるまで炒める。
6. 乾燥大根葉は、洗ってたっぷりの水に一晩浸し、その後柔らかくなるまでゆで、ザルに取って水で洗う。水けを絞って固い皮を取り除き、食べやすい長さに切って薄口醤油とエゴマ油で**ヤンニョム**する。フライパンに分量外のエゴマ油をひき、ニンニクと長ネギを加えて炒め、大根葉と出汁を入れ、汁けがなくなるまで炒める。
7. 水煮ゼンマイは一度サッとゆで、食べやすい長さに切って醤油で**ヤンニョム**する。フライパンにサラダ油をひき、ニンニクを入れて炒め、香りが立ったらゼンマイ、砂糖、出汁を入れて煮汁がなくなるまで煮詰め、最後に白スリゴマを回しかける。

4 ジョン・ナムル　イルゴプカジナムル

3색나물

サムセッナムル

3色ナムル

韓国全土の食卓に必ず出てくるナムル。ピビンパッの具材でも欠かせない最も定番の3種をご紹介。それぞれ作り方にポイントがあるのでていねいに作る事が大切。

시금치나물
シグムチナムル

ホウレン草ナムル

ナムルの中でも定番のホウレン草ナムル。韓国のホウレン草は日本のものよりやや小ぶりのものが多く、家庭のおかずとしても、食堂のおかずとしても頻繁に使われる。

材料
ホウレン草 …… 200g
<ヤンニョム>
　醤油 …… 小さじ1
　長ネギのみじん切り
　　…… 小さじ1
　ニンニクのみじん切り …… 小さじ1/2
　塩 …… 少々
　ゴマ油 …… 大さじ1/2
　白イリゴマ …… 小さじ1/2

作り方
1　ホウレン草は洗ってたっぷりの湯に分量外の塩を少々入れて20秒ゆでて水にとる。根元を切り落としたら、3cmに切りそろえる。
2　ホウレン草に**ヤンニョム**を加えて、よく合わせる。

콩나물무침
コンナムルムッチム

豆モヤシナムル

豆モヤシは下準備が大切。少量の水と塩で蒸し煮にし、豆にしっかり火を通す事で豆の香ばしさが引き立つ。ピビンパッの具材としても欠かせないナムル。

材料
豆モヤシ …… 200g
<ヤンニョム>
　長ネギのみじん切り
　　…… 小さじ2
　ニンニクのみじん切り
　　…… 小さじ1
　ゴマ油 …… 小さじ2
　塩 …… 少々
　白イリゴマ …… 小さじ1

作り方
1　豆モヤシはひげ根を取り除いて洗う。分量外の100mlの水と塩少々とともに鍋に入れ、蓋をして強火で蒸し煮にする。湯気が出てきたら弱火にして5分蒸す。
2　取り出した豆モヤシは水けをきり、**ヤンニョム**を加えて、よく合わせる。

당근나물
タングンナムル

ニンジンナムル

彩りもよく、水分の出にくいニンジンのナムルは家庭の常備菜としても重宝され、ピビンパッや韓国海苔巻きの具材として定番。

材料
ニンジン …… 1本（200g）
ニンニクのみじん切り
　…… 小さじ1
ゴマ油 …… 大さじ1
塩 …… 少々
白スリゴマ（または 白イリゴマ）
　…… 小さじ1

作り方
1　ニンジンは4〜5cmのせん切りにする。
2　フライパンにゴマ油を入れて温め、ニンジンを入れて塩を加え、ゆっくり炒める。
3　ニンジンがしんなりしたらニンニクのみじん切りを入れ、香りが立ったら火を止めてゴマを合わせる。

COLUMN.7
韓国とお酒

「お酒が飲めないと社会で成功しない」と言われるぐらい、お酒と韓国は切っても切り離せません。いわゆる「飲みニケーション」が主流で、仕事の延長やストレス発散の手段として陽気に大声で賑やかに飲みます。

韓国のスーパーやコンビニのお酒コーナーにはメクチュ（ビール）、ソジュ（焼酎）、マッコリなど、日本でもお馴染みのものから、韓国でしか味わえない珍しいものまで色々なお酒を試す事が出来ます。おいしい韓国料理に舌鼓を打ちながら、一緒に楽しんで頂きたいです。

◆マッコリ

雨の日にはマッコリを飲みながらジョン（チヂミ）を食べたくなると言われています。

韓国語ではマッコルリといい、「マッ」は粗雑に「コルリ」は濾すという語源から「粗く濾した酒」という意味を持ち、濁っているのでタッチュ（濁酒）とも言われています。

昔は農作業をしながら水代わり、もしくは空腹をしのぐために飲まれていたことからノンジュ（農酒）とも言われていました。農耕の祭りの際にも必ず出され、各家庭では農繁期に備えてマッコリを作ったため、カヤンジュ（家醸酒）とも呼ばれるなど庶民の生活に欠かせない大衆酒だったそうです。主原料は米や小麦と麹、アルコール度数は6〜8％前後です。ジャガイモやサツマイモなどの穀物を使うこともあり、日本のどぶろく（にごり酒）によく似ています。

数多くのメーカーがあり、2000を超える種類があるそうです。濾過をしないマッコリはトンドンジュと呼ばれています。ほのかな甘みとまろやかな口当たりで飲みやすく、腸内環境を整える乳酸菌や食物繊維が豊富に含まれています。滅菌処理を経ない「生マッコリ」は少しシュワシュワと微発泡しており、乳酸菌の酸味も感じます。

肌の調子や便秘のサポート、免疫力アップなど美容や健康管理の一環として飲む方もいるそうです。居酒屋や屋台では、やかんやハンアリと呼ばれる壺や甕（かめ）、ひしゃくが付いたアルミ製のマッコリカップで提供されることがあります。

なぜやかんなのか？と言うと、一昔前の韓国では酒店でマッコリを販売する単位がやかんだったことに由来するそうです。安価なお酒ですが、最近はプレミアムマッコリやシャンパンマッコリと呼ばれる高級路線の生マッコリも注目を集めています。

◆ソジュ

ソジュは安くて、アルコール度数も高いため、世代を越

1 忠清南道唐津市の白蓮マッコリ醸造所。ハンアリという素焼きの甕で発酵させる。 2 済州島には特産品のミカンを加えたフルーツ系マッコリなどもあり、観光客のお土産に喜ばれている。 3 マッコリはピンデトッやチヂミ、ポッサム、ムグンジ（古漬けキムチ）、ホンオフェなどがよく合う。 4 チャミスルの広告モデルは本物の人気モデルの証と言われるほど、韓国国民の生活に根ざしている。 5 朝鮮王朝時代では、食事をする際に必ず酒を添えて飲んだため、多種多様な酒が造られ、酒文化が発展した。

えて多くの韓国人に愛されています。韓国ドラマなどを見るとビールよりもソジュを飲みながら食事をするシーンが多く登場します。

ソジュは甘みがありながらもスッキリとした味わいです。アルコール度数は15〜20度といわれており、韓国人はソジュジャンと呼ばれる50ml程度の小さな焼酎用グラス（テキーラのショットグラスに似ている）に冷やしたソジュをストレートでなみなみと注ぎ、「チャン！」「コンベ！」「ワンショッ！（one shot）」と韓国風のかけ声で一気に飲み干します。ソジュの空き瓶は最後までテーブルの上に誇らしげに並ばせるのが韓国流です。

ソジュをメクチュで割って飲む「ソメク」も人気で、ソジュを入れたソジュジャンをメクチュが入ったコップにドボンと爆弾みたいに落とす、二日酔いが凄くて撃沈させられるという理由から、ポクダンジュ（爆弾酒）とも呼ばれています。お酒の場で盛り上がるため、年齢問わず飲み会ではよく見かける光景です。

代表的なソジュは、韓国国内販売率で不動の1位、JINROのチャミスル、2位「はじめてのように」を意味する感性的なネーミングのロッテ七星飲料のチョウムチョロムです。

その他ジョウンデーやC1も人気が高く、釜山のテソン、大田のイジェウリンや済州のハンラサンソジュなどご当地ソジュも多くあります。

◆ メクチュ

アルコール度数は4.5〜5％と日本に比べてやや低く苦味も少ないです。炭酸は少し強く感じられ、スッキリとした喉越しの良さが特徴です。日本と韓国ではビールの麦芽比率が違い、日本だと50％以上必要ですが、韓国は10％あればビールと呼べるので、味わいがかなり変わってきます。

韓国ではチキンやピザなど味の濃いものを食べながらスッキリ飲める方が好まれるため今の味わいが定着したと言われています。

また、「フライドチキン」を食べながらメクチュを飲むという行為を「チメク」と呼び、これが大ブームとなり大邱（テグ）ではチメク祭りも開催されている程、支持を得ています。

メクチュの種類は凄く増えたので好みに合った一品を楽しむことができます。

代表格と言えばOB社のCASS。スッキリとした喉越しのいい爽やかさが特徴で、やや甘みも感じられるため、辛い料理との相性も抜群です。

HITEは氷点ろ過製法で製造されており、口に入れた直後には麦の香りが広がり一見飲み口の濃いビールの様に感じるかも知れませんが、キレの良い後味でスッキリと飲むことができます。CASSよりも苦味が若干抑えられているので、飲み比べしてみても楽しいです。OB社とHITE社がシェアを二分する韓国ビール市場ですが、輸入ビールがじわじわと市場を揺るがしつつあるそうです。アサヒ、サッポロ、サントリー、キリンの順で日本のビールも売り上げを伸ばしていて、高級日本料理店や日本風居酒屋をはじめ

SNSなど口コミで徐々にファンを増やしているようです。日本への旅行者も多いですし、日本の食文化が色々な場面で定着してきたのかも知れません。クラフトビールを専門として扱うお店もあり、韓国でも様々なビールを楽しめる機会が増えています。

◆ 伝統酒

伝統（チョントン）酒は、韓国独自の生活文化と深く関係しており、家ごとに用途や目的によって数多くの酒が造られてきました。薬酒とも呼ばれる清酒をはじめ、マッコリ以外でも地域や季節により様々な食材を用い、技術と伝統を継承し続けています。

ペクセジュ

ペクセジュ（百歳酒）は伝統酒としては最もポピュラーな存在です。常温では漢方の風味が強くなりすぎてしまうので、冷やして飲むほうがおいしいとされています。

ソジュと1：1で割るとオーシッセジュ（五十歳酒）と呼ばれます。

ポップンジャ酒

天然の覆盆子（キイチゴ）を発酵熟成し醸造した韓国伝統酒として古くから親しまれています。ミネラルやビタミンを含み、甘ずっぱさと芳醇な香りが特徴です。

他にも松茸を使ったチャムソンイジュ、サンサチュン（山査春）酒、メファス（梅酒）、クッカジュ（菊花酒）、イガン（梨薑）酒、ムンベ酒、チョンハ（清河）など数多くの伝統酒があります。

6 ペクセジュは、薬草が入っているぶん癖があるため、ソジュで割ると飲みやすくなる。　7 ポップンジャの名産地、高敞（コチャン）郡で飲んだ特産品のポップンジャ酒。　8 1987年以降ビールの消費量がマッコリを超え、市場のトップに来ているとか。

COLUMN.8
韓国ソウルに住む韓国人の食事

韓国の食事と言えばご飯にチゲ、そしてキムチのイメージですが、実は昨今、食事情はかなり変わってきています。実際にソウルに住む韓国人に1日の食事を聞いてみました。

朝食（アッチム）

昨今の朝食事情は昔のイメージとは変わり、朝はパンやシリアルで簡単に済ますという家庭がとても多くなっています。パンとサラダ、それにコーヒー。またはサンドイッチにコーヒーなどです。フレンチトーストや目玉焼きを一緒に食べるところなど、日本とよく似た感じですが、時折サンドイッチの具にプルコギを入れるところは韓国らしさが出ています。また、通学や出勤時の朝の時間だけ現れる「韓国トースト」の屋台も韓国ならでは。野菜をたっぷり挟んで鉄板でパンを焼くトーストは旅行者にも人気の朝食です。町に出ると朝早くからパン屋さんがオープンし、日本よりはかなり大きめのクロワッサンやベーグルが大人気です。

ご飯派の家庭では、ご飯に汁もの、卵料理やナムル、キムチ、時には朝から魚を焼いて日本旅館さながらのしっかりとした朝食を作る家もあります。ご飯には黒豆や雑穀を入れる事も多く、季節によって冬は大根のスープ、春はナズナやヨモギの味噌スープ、その他にも豆モヤシのスープやワカメのスープなど汁物が必ず付きます。さらにパンチャンと呼ぶ常備菜のナムルや小魚の炒め物、そしてキムチを用意すればご馳走です。私が留学時代にお世話になっていた下宿は、朝食はご飯派。下宿先のオモニ（お母さん）が毎朝色々なスープを作りますが、その他はほとんど常備菜です。でも、その常備菜がずらりと食卓に並び、それにキムチや作り立ての韓国海苔を添えれば、おいしくバランスの良い食事です。

昼食（ジョムシム）

家で食べる昼食は軽く済ませることがほとんど。特に夏は麺料理が多く、豆乳でスープを作るコングクスや冷麺などが好まれ、冬はカルグクス（うどん）などサッと作ってサッと食べられるものが多いようです。それにジョン（チヂミ）やキムチを付けるのが定番です。会社員の人たちにとってのランチタイムは大切なリフレッシュタイム。日本同様、社食がある会社もありますが、ほとんどが社外に食べに行きます。

そこでランチタイムになると何人も連れだってグループ

1 パン屋は朝早くからオープンし、人気店は週末に行列ができる。　2 通勤、通学時のみオープンする屋台もある。具だくさんで甘いトーストは観光客にも人気。　3 ご飯派の朝食は、ナムルやキムチなど数種に焼き魚が付く事もある。　4 パン派はトーストやサンドイッチなどだが、サンドイッチの具にプルコギを入れる韓国らしさも。　5 人気のベーカリーはカフェも併設し、朝食にベーグルなどが食べられる。　6 筆者の下宿先の朝食は、スープや辛いおかずも並び、いつもボリューム満点。

で食事をしに行く姿をよく見かけます。チゲとご飯の定食が人気ですが、日本のとんかつも人気があるようです。麺料理なら中華のチャジャン麺、夏は冷たい麺料理、そして日本と大きく違う点は、昼食に鍋を囲むこともある事です。プデチゲだったり鱈鍋だったり、仲良く鍋を囲んで話をしながら食べるのが韓国式。日本で特別な料理のように感じる参鶏湯も、韓国人の中では昼食に食べる人も少なくありません。食後はコーヒーショップでコーヒーを買って会社に戻る事が多いようです。

ただ、最近は「ホンパブ」と言って一人でご飯を食べるという意味の言葉も聞かれるようになり、お弁当を持参したりコンビニで自分の好きなものを買って食べたりと昼休みを一人でゆっくり過ごす人も増えてきました。少し前までは一人でご飯を食べる事が普通ではないと思われていましたが、時代とともに変わって来ています。韓国も物価高が続き食費を節約する人が増えてきたことも理由の一つでしょう。

夕食（チョニョク）

夕食は日本同様、家族が集まりやすい時間。家族で食卓を囲み1日の疲れを癒す団らんのひと時は朝や昼よりも品数が多くなります。ご飯にメインおかず、パンチャン（常備菜）が数種類付くパターンが一般的。メインのお肉を焼いてサンチュやエゴマの葉などの包み野菜と一緒にチゲを添えて食べたり、魚のチゲや肉のチゲと一緒にナムルを数種、それに焼き物や炒め物が並ぶ時もあります。そして夏はキュウリや大根の若葉、冬には白菜キムチなど季節のキムチが食卓に並びます。オモニが作ってくれるご飯は栄養のバランスが取れた身体に良い料理です。その他、韓国ではチメクと呼ばれているチキンとメクチュ（ビール）を楽しむ人や、最近はパスタなど洋食を作って食べる家庭も増えています。また、フライドチキンやピッツァは子供たちに大人気です。

忙しい人が増えると食事を作る時間が少なくなってくるのは日本と同様。ペダル（配達）を利用したり、惣菜を売っているお店も少しずつ増えてきました。とは言え、韓国人にとって食事は大切なこだわりの時間です。どんなに「ホンパブ」が増えても、陽気に楽しく、おいしい料理を囲んで分かち合うという文化はなくならないでしょう。

7 大豆を原料にした豆乳スープがベースの冷たい麺「コングクス」は韓国の夏の定番料理。昼食として家でも外でもよく食べる。　8 鶏肉で作った具だくさんの辛いスープ「タッケジャン」とご飯、それに季節のキムチ。　9 味付けした肉を焼き、包み野菜と一緒に具材がたっぷり入ったチゲの夕食。　10 キムチを真ん中に、ドングリの寒天や豆腐の煮付け、焼き魚など、韓国らしいおかずを家族で囲む夕食。　11 家庭の食事は常備菜が多く、その他にその都度作るおかずやキムチが並ぶ。

第5章

保存食

韓国の保存食・キムチは、韓国政府や企業もキムチを通じて韓国の食文化を広める活動を行っているほど、代表的な料理です。それぞれの地域特有の味付けや材料が使われる多様な文化や伝統を反映した食べ物で料理以上のものであり、韓国人にとっては文化的アイデンティティの象徴でもあります。そんなキムチをはじめ、韓国人の保存食は、韓国の食卓に欠かせない「漬物」的存在です。しかも発酵食品なので栄養豊かな健康食品。韓国の家庭ではどの家庭でも愛されている、伝統と文化が詰まった大切な食べ物です。オーソドックスな白菜キムチから、炒め物など、食卓に欠かせない保存食を紹介します。

COLUMN.9

キムチとキムジャン事情

ひと言でキムチと言っても、日本人が思い浮かべる白菜キムチだけでなく、その種類は200を超えると言われており、地域や季節によって様々な食材を使う事から千差万別のキムチが存在します。

キムチの歴史

　キムチはキュウリや大根、ナス、エゴマの葉、大根の若葉など、唐辛子で漬け込むものの他、辛くないスープ状になった水キムチまで多種多様です。

　南部、全羅道（チョンラド）はキムチの重要な材料、塩辛の種類も豊富ですが、中でもカタクチイワシの塩辛を好んで使い唐辛子も多めに使います。また北朝鮮の平安道（ピョンアンド）では塩辛も唐辛子も少なめのあっさりとしたキムチだと言われています。日本だと寒い北国は塩分が強めなイメージですが、韓国のキムチは南へ行くほど味が濃くなっていくのが特徴です。

　現在食べられているキムチの歴史は遥か昔に遡りますが、文献では野菜を塩水に漬け込み、漬け汁ごと食べる沈菜型が高麗時代から確認できるようです。大根を塩漬けしたものが始まりのようですが、これは現在でも作られているトンチミ（大根水キムチ）の原型であり、「東国李相国集」にはトンチミに関する記録も残されているそうです。韓国では大根が古くから食され、良質だったためトンチミが食べられるようになり、厳寒期に備えた栄養食品として半島全域に広く浸透して行ったと言われています。

　現在の赤いキムチは、唐辛子が韓国に入ってきて日常の食品として使われるようになった17世紀以降と言われ、長い月日を経て生まれています。

※P.62の唐辛子のコラムを参照。唐辛子はキムチに入れるアミの塩辛の脂肪酸の腐敗を防ぐ効果もあります。

韓国のキムチと日本のキムチ

　日本でもキムチは家庭の食卓で存在感を増し、スーパーなどでも必ず売っていますが日本人の口に合わせて甘めに作ったものが多く、韓国人にとってこれはキムチではないという声もよく耳にします。また、日本のキムチはそのほとんどがヤンニョムとあえてすぐに食べられる浅漬けキムチです。韓国ではこの浅漬けキムチの事を「コッチョリ」と呼び、発酵したキムチとは別物だと考えています。逆に6か月以上熟成したキムチはムグンジキムチと呼び、ワイン

1,2 韓国の食堂には無料のおかずが並び、必ず白菜キムチがある。他にもナムルや野菜の醤油漬け、その時期のものを使ったキムチなど、店によって様々。このミッパンチャン（おかず）がおいしいと店のメイン料理も間違いなくおいしい。　3 2000年初頭まではキムジャンシーズンになると荷台いっぱいにキムジャン用白菜だけを積んだトラックがスーパーの駐車場などで見かけられた。

のように時間とともに味わいに深みが生まれ、キムチチゲやサムギョプサルに欠かせない存在です。やはり韓国人にとってキムチとはしっかり発酵させたものであり、じっくり時間をかけて寝かせ、熟成させたものが好まれます。

家族総出の重要な行事、キムジャン

　秋の終わり、気温がグッと下がり店頭に丸々とした白菜が並ぶ頃、韓国の人達はソワソワし出します。「今年のキムジャンはいつにする？」という事を考えるからです。

　キムジャンとは、冬の間に食すためのキムチを漬ける事で、国民的行事と言われる冬の風物詩です。2013年、ユネスコ無形文化遺産にも登録されました。もともとは、親戚や近所の人が集まって一緒に大量の白菜をキムチにしていました。一回に漬ける白菜は100株前後の場合が多く、キムジャンのシーズンになるとスーパーでは白菜を売りに来る日が貼り紙で告知され、白菜が山積みされたトラックが駐車場にやって来ると、近所の主婦たちが列をなして買い求めるのです。

　こうしてキムジャンは大量の白菜を買い集め、その全ての白菜を下ごしらえして塩漬けし、ニンニクをはじめ数種類の具材を用意し、ヤンニョムと言われるタレを作ります。それを塩漬け白菜の葉の間に詰めて保存容器にていねいに入れていく、というかなり手間のかかる大変な作業です。私も留学時代に白菜100株のキムジャンを手伝った事があります。初めはおしゃべりしながらワイワイ作っていましたが、漬けても漬けても終わらない無間地獄のような作業に疲れて笑顔もなくなっていきました。そして、この作業が毎年やってくるのかと思ったら、韓国のお嫁さんはどんなに大変だろうかとゾッとしました。

　キムジャンの作業はもちろん1日では終わりません。塩漬けだけでもほぼ1日仕事ですが、唐辛子の良し悪しでキムチの出来栄えが大きく左右されると言われており、夏に収穫された唐辛子を自宅で干して粉にする人もいる程です。

　こうしてひと昔前まで「キムジャンボーナス」や「キムジャン休暇」なる言葉もあったほど家族総出の重要な行事だったのですが、時代が変わり核家族化が進んだ今、このキムジャンの様子も随分変わってきました。最近ではネット通販で白菜を買う人が増えたのは言うまでもなく、通販サイトやスーパーでは、わざわざ手間暇をかけて白菜を塩漬けしなくてもいいように、キムチ用に塩漬けした白菜が売られています。この販売されている「塩漬け白菜」は大人気で、キムジャンする日に玄関前に届くよう注文する人がとても多くなっています。

　ヤンニョム（キムチのタレ）は地方や各家庭で味付けがかなり異なるので、今でも手作りする人が多いのですが、昔の様に隣人が集まって大勢でキムジャンする事が珍しくなりました。因みにキムジャンをした当日のご馳走と言えば、サンチュに仕込んだばかりの浅漬けキムチとゆでた豚バラ肉を包んで食べる「ポッサム」で、これを楽しみに大変

4 現代のキムジャンは、家族の分だけを1人で漬ける事も多く、量も昔ほど多くはない。　5 2000年初めの頃キムジャンを手伝った時の様子。1日で60株の白菜をキムチにするため、朝からはじめて途中昼食を食べ、またキムチを漬けるという1日作業になる。　6 キムジャン後の楽しみは、漬けたてのキムチと、ゆでた豚肉を準備して一緒に食べるのが定番。マッコリも一緒に口に運べば皆、達成感に包まれる。

161

な作業もやってのけられると言っても過言ではありません。
　保存方法も進化し、昔は出来上がったキムチを温度変化が少ない土の中に埋めた甕で保存していましたが、現在ではキムチネンジャンゴ（冷蔵庫）の誕生によってキムチを家の中で保存できるようになりました。長期保存用やすぐに食べるなど、用途に合わせ冷蔵庫内で別々に温度管理が出来るのでとても便利な存在です。また、日本の冷蔵庫のパーシャル機能程度の温度設定にすればキムチの他にも魚や肉など様々な食材を保管できます。

家庭のキムチ事情

　韓国人の中には、キムチは朝食から三食必ず食べる人や、キムチがないと始まらないという人も多くいました。現代ではキムチが苦手な若者が増えたとも言われており、韓国料理よりもパスタやパンなど洋食を好む人が増えたことも理由の一つです。自分でキムチを漬ける人は年々減少し、実家からキムチを分けてもらったり、食べる分だけをスーパーで買う人も多くなっています。家でキムチを漬ける習慣がなくなると、いずれ実家にキムチをもらいに行くという事もなくなるでしょう。そうなるとキムチは特別なものになって日常的に食べなくなる人が増え、いつかはキムジャン文化もなくなってしまうのではないかと心配です。

　家でキムジャンする人は減りつつありますが、重要な食文化であるキムジャンをみんなで楽しもうというイベントが毎年行われています。大量の塩漬け白菜とヤンニョムが準備されている屋外のイベント会場には大勢の人が集い、一斉にキムチを漬ける様子は他国ではなかなか見ることができない光景で圧巻です。「ウリチプ（我が家）ではこんな風に作るのよ」「ウリチプのヤンニョムはおばあちゃん仕込みでとてもおいしいの」などと、それぞれオンマ（お母さん）達が作ってくれているキムチの自慢をしつつ楽しんでいます。

　肌がきれいな韓国女性が多いのも、このスーパーフード「キムチ」のおかげだと言われています。世界的にも広く知られ注目されるようになった発酵食品「kimchi」。この韓国を代表する伝統食をどのように伝え残し、発展させていくか、国を挙げての大きな課題となっています。韓国と言えば体に良くておいしい発酵食品、「キムチの国」といつまでも言われるように大切に守って欲しいもの。なんと言ってもおいしく発酵したキムチと白ご飯の組み合わせは最高のご馳走なのだから。

7 韓国の家庭は普通の冷蔵庫以外にキムチ冷蔵庫を所有している家庭も多く、塩辛や味噌なども保存する。　8 キムチ（ボックス）は、キムチ冷蔵庫で保管するとゆっくりと熟成して長くおいしさを保つ事ができる。　9 キムチ工場で作られる白菜キムチは、人の手で白菜にヤンニョムが塗られていく大変な作業。　10 屋外で行われるキムジャンイベント。大きな桶で塩漬けした白菜にヤンニョムを塗っている様子。　11、12 イベント会場には、塩漬け白菜の入った箱が積み重ねられている。

배추김치

ペチュキムチ
白菜キムチ

韓国では様々な種類のキムチがあるが、白菜が出回る晩秋や初冬に一番多く漬けられるキムチ。ヤンニョムは地方によっても家庭によっても様々で、家庭の数だけ味があると言われている。塩漬けをていねいにする事と、ヤンニョム作りがおいしいキムチを作るポイント。

材料（1株分）

白菜 …… 1株
水 …… 1ℓ
粗塩 …… 200g

<ヤンニョム>
コチュカル（粉唐辛子）…… 180g
大根 …… 200g
ニンジン …… 100g
ニラ …… 100g
セリ …… 60g
長ネギ …… 80g
セウジョッ（アミの塩辛）…… 60g
リンゴのすりおろし …… 1/2個分
ニンニクのみじん切り …… 40g
ショウガのみじん切り …… 10g
イワシの魚醤 …… 70mℓ
イリコの出汁 …… 350mℓ
餅粉 …… 60g

下準備（塩漬け白菜を作る）

1. 白菜は芯の方から半分まで包丁を入れてその先は手で裂く。

2. さらに半分に途中まで包丁を入れて手で割って4つ割りにする。

3. 芯は斜めに切り取る。

4. 根本から縦半分のところに切り目を入れ、内側を上にして3～4時間干す。

5. 水1ℓに粗塩の半分を溶かして塩水を作り、残りの塩を白菜の根元を中心にふり入れていく。

6. 5を塩水に浸す。葉の内側を上にし、重石をして6時間塩漬けし、白菜を返して2時間塩漬けする。

7. 塩漬けした白菜は葉の間に指を入れて2回水ですすぐ。

8. 水洗いした白菜はザルにあげて6時間程度水抜きする。

作り方

1 餅粉と出汁を合わせ、沸騰させる。

2 よく練って糊を作り、冷ましておく。

3 大根とニンジンは皮をむいてせん切りにし、大根は軽く塩（分量外）をして絞っておく。ニラとセリは3cmに切って、長ネギは薄切りにする。

4 セウジョッは、包丁でたたいて細かくする。

5 白菜以外の全ての材料を大きめのボウルに入れて、よく混ぜ合わせる。

6 白菜の葉の全ての間に塗っていく。

ひと言
白菜の塩漬けを作る時は、時間をしっかり守って、ていねいに漬ける事がポイントです。

7 外葉で包むように形を整え、密閉容器に重ねて入れる。1日室温に置き、その後冷蔵庫に保存する。2～3日すると味がなじみ、2～3週間後に徐々に酸味が出てくる。

5 保存食　ペチュキムチ

165

나박김치

ナバッキムチ

大根と白菜の水キムチ

水キムチの原型とも言えるもので歴史のあるキムチ。
名前の「ナバッ」は野菜の切り方の事で、大根も白菜も薄く四角に切り、
粉唐辛子で色を付けるが、粉唐辛子をそのまま入れず、色だけを付けるのも特徴。

材料（作りやすい分量）

- 白菜 …… 150g
- 大根 …… 250g
- 長ネギ …… 3cm
- ニンニク …… 1片
- ショウガ …… 1/2かけ
- 赤生唐辛子 …… 1/2本
- 万能ネギ …… 1本
- コチュカル（粉唐辛子）…… 大さじ1
- 水 …… 1ℓ
- 砂糖 …… 大さじ1/2
- 粗塩 …… 9g

作り方

1. 大根は皮をむき、厚さ2mmで2cm×3cmの四角形に切る。白菜はできるだけ内側の柔らかい部分を使い2cm×3cmに切る。ニンニクは薄切りに、ショウガは皮をむいてせん切りにする。長ネギは3cm長さのせん切り、赤生唐辛子も種を取って3cm長さのせん切りにする。
2. 大根と白菜は、粗塩9g（分量外）で1時間、重石をして塩漬けする。途中上下を返す。
3. 2の大根と白菜にその他の野菜類と水、砂糖、塩を入れる。
4. さらしなどきれいな布の袋に粉唐辛子を入れて3の水キムチの中で揉み、色を付ける。
5. ある程度発酵するまで常温で保存し、発酵を確認して冷蔵庫に入れる。彩りで3cmに切った万能ネギを飾る。

파김치

パキムチ

全羅道

ネギのキムチ

全羅道をはじめ、主に韓国の南の地方でよく漬けられているキムチだが、現在では春のネギの時期に、全国的に作られている。芯に括り付けて仕上げる形が特徴的で、ネギの白い部分までしっかり漬かるとネギの甘みを感じる奥深い味が楽しめる。

材料（作りやすい分量）

小ネギ（万能ネギ）……100g
エッジョ（イワシの魚醤）……20㎖
＜ヤンニョム＞
　コチュカル（粉唐辛子）
　　……大さじ1
　ニンニクのみじん切り
　　……小さじ1
　砂糖……小さじ1
　白イリゴマ……小さじ1
　ショウガのみじん切り
　　……小さじ1弱

作り方

1　小ネギは洗い、根元ギリギリのところで根を切り落とす。エッジョを小ネギの根に近い白い部分に回しかけ、重石をして1時間〜1時間半程度、しんなりするまで漬ける（小ネギの太さにより時間を調整する）
2　別の容器にヤンニョムの材料を入れ、小ネギを漬けていた1のエッジョを注ぎ、よく混ぜて**ヤンニョム**を完成させる。
3　小ネギに**ヤンニョム**をまんべんなく塗り、3〜4本手に取り、適当なところで折りながら白い部分を芯にしてクルクル巻き付ける。
4　5日〜1週間程で味がなじみ、食べ頃になる。

깻잎김치

ケンニプキムチ

エゴマの葉のキムチ

肉料理や刺身の時に出る包み野菜として欠かせない葉野菜のエゴマは、全羅道（チョンラド）、慶尚道（キョンサンド）で栽培が盛んで、キムチとしてもよく使われる食材。他のキムチと異なり、葉の形がそのまま保たれているのが特徴。独特の風味があり、韓国を代表する香草で全国的によく食卓に登場する。

材料（作りやすい分量）

エゴマの葉（25g） …… 約20枚
<ヤンニョム>
コチュカル（粉唐辛子）
　　…… 小さじ1強
醤油 …… 小さじ1・1/2
味醂 …… 小さじ1
長ネギのみじん切り …… 小さじ2
ニンニクのみじん切り …… 小さじ1
白イリゴマ …… 小さじ1/2
エッジョ（イワシの魚醤） …… 小さじ1
ショウガ汁 …… 少々

作り方

1　エゴマの葉は新鮮なものを選び、洗って水けを拭き取る。
2　ヤンニョムの材料を全て合わせてよく混ぜる。
3　合わせたヤンニョムを、エゴマの2〜3枚に1度ずつ塗っていく。
4　冷蔵庫で2〜3日寝かせて熟成させる。

고추장아찌

コチュチャンアチ

青唐辛子の醬油漬け

「コチュ」青唐辛子を丸ごと醬油漬けにするコチュチャンアチは、韓国の伝統的な漬物の一種。
辛味のある青唐辛子に、酸味と甘みの調和した味わいは、食欲をそそる一品。
家庭のおかずとして全国的に食べられているが、辛い食べ物が好まれる地域、慶尚道でよく知られている。

慶尚道

材料(作りやすい分量)

青唐辛子 …… 12本
<ヤンニョム>
　醬油 …… 100㎖
　水 …… 100㎖
　酢 …… 50㎖
　砂糖 …… 大さじ4
　酒 …… 大さじ1

準備

1　ガラス容器を準備して、煮沸消毒しておく。

作り方

1　青唐辛子は洗って水けを拭き取り、つまようじで3か所くらい穴を開けて、煮沸消毒した瓶に入れる。
2　**ヤンニョム**の材料を全て合わせて火にかけて沸騰させ、熱いうちに1の瓶に注ぐ。冷めたら冷蔵庫で保存する。
3　1週間後、**ヤンニョム**のみを再び火にかけ、冷ましてまた瓶に戻し入れる。
4　青唐辛子の色が完全に変わり、柔らかくなったら食べ頃。

169

오이소박이

오이소박이

オイソバギ

キュウリのキムチ

夏のおいしいキュウリで作る伝統的なキムチの一つで韓国全土で食べられる。
「オイ」はキュウリ、「ソ」は具、「バギ」は差し込むという意味で、
キュウリに切り込みを入れてその中に具材を詰め込んで作るキムチの事。
水分の多いキュウリをキムチにして夏の水分補給に
ぴったりなキムチと言われるが、現在は通年食べられる。

材料（作りやすい分量）

キュウリ …… 400ｇ（3～4本）
塩漬け用の塩 …… 大さじ1/2

<ヤンニョム>
ニラの小口切り …… 30ｇ
長ネギの粗みじん切り …… 10ｇ
コチュカル（粉唐辛子）…… 大さじ1強
ショウガのみじん切り …… 小さじ1
ニンニクのみじん切り …… 小さじ2
エッジョ（イワシの魚醤）…… 小さじ2
セウジョッ（アミの塩辛）…… 小さじ1
砂糖 …… 小さじ1/2

作り方

1 キュウリは洗って粗塩（分量外）で軽く板ずりし、熱湯をかけてサッと洗う。端を切り落として長さを半分にする。キュウリの端から縦に切り込みを入れ、90度回してまた同じように切り込みを入れる（端まで切り落とさないようにする）。分量の塩をまぶして1時間程塩漬けする。
2 塩漬けしたキュウリは洗って水けを拭きとる。
3 **ヤンニョム**の材料を合わせて、キュウリの切り込みに詰めていく。
4 一晩冷蔵庫で寝かせてから食べる。

◆ **エッジョ（魚醤）**
魚を塩漬けして発酵させ濾過させて作る液体。原料は、イワシやイカナゴがよく使われるが、その他にもエビやマグロなど様々。キムチはもちろん、チゲやナムルの隠し味などにもよく使われる。

5 保存食 オイソバギ

오이소박이물김치

오이소박이 물김치

オイソバギムルキムチ

キュウリのサラダキムチ

サラダ感覚で食べるオイソバギは、
キュウリに切り込みを入れて塩漬けしてから具を詰め、具材は様々。
一般的にはニラがよく使われるが、たっぷりのせん切り大根とリンゴを使って
仕上げると辛いものが苦手でもおいしく食べられる。
キュウリの水分も生かしつつ、ほんのり甘い汁に浸して汁ごと楽しむキムチ。

材料(作りやすい分量)

キュウリ …… 4〜5本(約400g)
塩漬け用の塩 …… 大さじ1/2

A
　大根 …… 150g
　ニンジン …… 15g
　ショウガ …… 1かけ
　リンゴ …… 1/4個
　長ネギ …… 5cm
　セウジョッ(アミの塩辛) …… 小さじ1
　おろしニンニク …… 小さじ1/2
　コチュカル(粉唐辛子) …… 小さじ1
　砂糖 …… 小さじ1

B
　昆布出汁 …… 100㎖
　玉ネギのおろし汁 …… 小さじ2
　リンゴのおろし汁
　　…… 80〜90㎖(リンゴ約120g)
　ハチミツ …… 小さじ1
　塩 …… 小さじ1/2

作り方

1　キュウリは洗って粗塩(分量外)で軽く板ずりし、熱湯をかけてサッと洗う。端を切り落として長さを半分にする。キュウリの端から縦に切り込みを入れ、90度回してまた同じように切り込みを入れる(端まで切り落とさないようにする)。分量の塩をまぶして1時間程塩漬けする。

2　塩漬けしたキュウリは洗って水けを拭き取る。

3　大根、ニンジン、ショウガ、リンゴは皮をむいてせん切りにし、長ネギは縦半分に切って斜めに薄切りに、セウジョッは叩いて細かくしておく。

4　大根はコチュカルと合わせ、ニンジン、リンゴ、長ネギ、おろしニンニク、細かくしたセウジョッ、ショウガ、砂糖を入れて混ぜ、Aを作る。

5　塩漬けしたキュウリにAを詰めてバットに並べる。

6　Bの材料を合わせて作る。5のバットに注ぎ、しばらく浸す。食べる時には1本を半分に切って器に盛り付ける。

멸치볶음

ミョルチポックム

カエリイリコの炒め物

韓国全土で食べられている常備菜の一つで、「ミョルチ」はイリコ、「ポックム」は炒める、を意味する。食堂だけでなく家庭でもよく作るおかずで、ご飯のお供として抜群。家庭の食卓は勿論、お弁当のおかずにも頻繁に登場。甘辛い味付けで、イワシの旨味と食感が楽しめる。

材料（作りやすい分量）

カエリイリコ …… 40g
松の実 …… 大さじ1
韓国水アメ …… 大さじ1
＜ヤンニョム＞
醤油 …… 大さじ1強
味醂 …… 大さじ1
酒 …… 大さじ1
ニンニクのみじん切り
　　…… 小さじ1/2

作り方

1　カエリイリコをフライパンで炒り、取り出しておく。
2　フライパンに**ヤンニョム**の材料を入れて中火にかけ、フツフツしてきたら1のカエリイリコを入れて絡める。
3　火を止めたら韓国水アメと松の実を入れてあえる。

무말랭이무침

ムマンレンイムッチム

干し大根のあえ物

切干大根より太いものを使うキムチのようなおかずで、歯ごたえと甘辛い味が特徴。
本来は、干し大根と一緒に干した唐辛子の葉を入れて作る。
韓国全土で作られているが特に全羅道でよく食べられる料理。長期間保存できるので、冬に作り置きする事が多い。

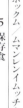

ミョルチボックム／ムマンレンイムッチム

5 保存食

材料（作りやすい分量）

干し大根 …… 50g
万能ネギ …… 2〜3本
＜ヤンニョム＞
　韓国水アメ …… 大さじ2
　コチュカル（粉唐辛子）…… 大さじ1・1/2
　カナリエキス（魚醤）…… 大さじ1・1/2
　醤油 …… 大さじ1強
　梅シロップ（P.178参照）（または砂糖）
　　…… 小さじ1
　白イリゴマ …… 少々
　ニンニクのみじん切り …… 小さじ1
　ショウガ汁 …… 少々
　砂糖 …… 小さじ1/2

作り方

1　干し大根は、水でもみ洗いして水の中で20〜30分ふやかしその後しっかり水けを絞っておく。
2　絞った大根に**ヤンニョム**の醤油を揉み込みしばらく置く。
3　その他の**ヤンニョム**の材料をもみ込み、2〜3cmに切ったネギを一緒にあえる。味がなじむ2〜3日後くらいからが食べ頃。

175

오징어채무침

オジンオチェムッチム

サキイカのあえ物

「オジンオ」はイカの事。サキイカを辛く味付けしておかずに。
乾燥イカなので韓国全土で食べられる定番の常備菜。
甘辛い味付けが特徴で、イカ独特の風味と歯ごたえが楽しめる。
ピリッとした辛さがアクセントのご飯のおかず。

材料（作りやすい分量）
サキイカ …… 50g
イリゴマ …… 小さじ1
<ヤンニョム>
　コチュジャン …… 大さじ1
　韓国水アメ …… 大さじ1
　ゴマ油 …… 大さじ1
　酒 …… 大さじ1

作り方
1 サキイカは食べやすい太さに裂き、長い場合は切る（固いものはサッと蒸すとよい）。
2 フライパンに**ヤンニョム**の材料を入れ、混ぜて温め、沸騰したらすぐに火を止める。
3 サキイカに2の**ヤンニョム**をよく合わせ、器に盛り付けてイリゴマをふる。

매실장아찌 고추장무침

メシルチャンアチコチュジャンムッチム

梅のコチュジャンあえ

「メシル」は梅、「チャンアチ」とは醤油漬けなどの漬物を言う。
梅シロップを作る時の副産物である梅の実を使って作ったもの。
コチュジャンあえは総菜屋でも販売しているが、
家庭の保存食として梅の季節が終る頃、季節の手仕事として作られる。
全羅南道(チョルラナムド)や慶尚南道(キョンサンナムド)が梅の産地として有名なのでよく作られる。

慶尚道
全羅道

材料(作りやすい分量)
梅シロップの青梅(P.178参照)
　　……100g
コチュジャン …… 小さじ1〜2
青梅のエキス …… 小さじ1〜2
好みで白イリゴマやゴマ油
　　…… 少々

作り方
1　コチュジャンと青梅のエキスをよく混ぜ合わせる。
2　準備した青梅に1をよく和え、好みでイリゴマやゴマ油をかけて食べる。

177

매실청

メシルチョン

慶尚道
全羅道

梅シロップ

梅の実が出回る6月頃、各家庭で漬けられる梅シロップは、キムチと同じように季節の手仕事でもある。梅ジュースはもちろん、自然な甘みを生み出す調味料としても使う事からスーパーなどでは市販品も販売されている。

材料（作りやすい分量）
青梅 …… 1kg
砂糖 …… 処理した梅と同量

準備
1　ガラス容器を準備してよく洗い内側に熱湯をかけ、よく乾かす。

作り方

1　青梅は、流水で洗って1時間程度水に浸ける。

2　1の梅の水けを拭きとり、ザルの上でよく乾かす。

3　梅のヘタを取る。

4　4～6等分に割って種から実を外す。この時に傷がある梅の実は取り除く。

5　処理した梅と同量の砂糖を準備し、梅を容器に半分入れて半分砂糖を入れる。

6　梅の残り半分を容器に入れ、残りの砂糖をかぶせ、蓋を閉めてそのまま室温に置く。
※2週間～1か月程でエキスが出るが、その後、長期保存する場合は冷蔵庫に入れる。

7　砂糖が溶けるまでは時々ビンを振って混ぜる。10日～2週間程度でシロップができる。

◆ 砂糖
シロップの味を決める砂糖は、粗糖など精製前の砂糖を使うとコクのある味わいに仕上がる。

5　保存食　メシルチョン

第6章

デザート・ドリンク

韓国の家庭では、独特のお茶やデザートでおもてなしをします。また、食堂などでも食事の後は、主に消化の良い冷たい飲み物やデザートを出すのが一般的です。街の中には昔ながらの韓国餅専門店や伝統茶の店も点在し、韓国菓子と共にお茶を楽しめます。季節の味や香りを生かし、四季折々の果物や木の実などを使った滋味溢れるデザートこそ、韓国の伝統です。

유자차

ユジャチャ

柚子茶

韓国の伝統茶、柚子茶は、寒い韓国では欠かせないお茶。柚子の果皮にはビタミンCがレモンの約3倍もあり、その柚子の皮ごと使った柚子茶は冬の健康維持に用いられ、美肌効果や風邪予防の他に疲労回復や新陳代謝を円滑にするなどの効果がある。

材料（約480mℓ分）

柚子 …… 約4個

グラニュー糖 …… 処理した柚子と同量

作り方

1. 保存するガラス瓶を煮沸消毒する。柚子は塩（分量外）をこすって水で洗い（農薬を使っている柚子は特にしっかり洗う）、きれいな布巾で水けを拭き取り、4等分に切る。

2. 果肉と皮に分ける。

3. 皮の内側の白いワタを薄く切って取り除く。

全羅道

4. 皮はせん切りにして長さを半分に切る。

5. ボウルを用意し、果肉の房の芯をハサミで切り取る。

6. 種は取り除く。

7. 果肉の房は3等分に切って入れる。

8. 7のボウルに4の柚子の皮を加える。

9. 皮と果肉の重さを測り、同量のグラニュー糖を用意する。

10. ボウルにグラニュー糖を9割程入れてよく混ぜる。

11. よく混ざったらガラス瓶に詰める。

12. 残りのグラニュー糖で蓋をするように入れ、冷蔵庫で保存する。砂糖が溶ければ良い。

6 デザート・ドリンク ユジャチャ

183

식혜

식혜

シッケ

麦芽飲料

「シッケ」は漢字で書くと食醯。発酵飲料の事で、
炊いた餅米やウルチ米と、麦芽水を合わせて発酵させて作る。
甘酒と似ているが、麦芽（ヨッキルム）を水で揉んで作るので、
アルコール分はなく、老若男女が好きなほんのりとした甘みに仕上がる。
韓国全土で作られているが、松の実やナツメを浮かべて楽しんだり、
甘いカボチャを使って作るシッケもある。

材料（出来上がり1.5ℓ程度）

麦芽 …… 200g
ご飯（ウルチ米または餅米）…… 200g
水 …… 2ℓ
砂糖 …… 50g
好みでショウガのスライス …… 2枚

※麦芽は韓国ではヨッキルムと言い、麦を発芽させてその芽を乾燥させ、粉にしたもの。

作り方

1　ボウルに水1ℓと麦芽を入れて軽く混ぜ、30〜40分おく。
2　1の麦芽を手でよく揉んで目の細かいザルで濾し、残った麦芽をボウルに戻して、さらに水1ℓを2回に分けて麦芽に加えて混ぜ、よく揉んで濾す。
3　2の麦芽水を揺らさずにそのまま1〜2時間おく。サラシなどを使って上澄みだけを静かに濾す。
4　濾した麦芽水とご飯を炊飯器に入れて4〜5時間保温する。（水面に米の粒が5〜6粒浮いていたら出来上がり）
5　飾り用の米をすくって洗っておく。
6　4を鍋に移して火にかけ、沸騰してきたらアクを取り除き、5〜10分煮る（好みでショウガを入れる）。
7　砂糖を入れて溶かし、冷めたら冷蔵庫で冷やす。

◆ 麦芽
大麦を発芽させて乾燥させたもの。

麦芽は手で握るようにしてよく揉む。

麦芽水が沈澱したらそっと上澄みだけを濾す。

炊飯器で保温して、米が少し浮いていればOK。

대추차

テチュチャ

ナツメ茶

ナツメは慶尚道の忠清道の特産物で、全国のナツメ生産量の30％を占める。
生のナツメはそのままフルーツとして楽しむ事が多いが、テチュチャは、乾燥させたナツメを使って作り、一般的には伝統茶の店などで飲まれる。自然な濃い甘さが特徴で、韓国餅などと併せて飲む事も多いお茶。

材料（4人分）

乾燥ナツメ …… 200g
水 …… 750㎖

作り方1

1 乾燥ナツメは洗って鍋に入れ、分量の水を注ぎ、落し蓋をして弱火で煮る。途中、水を足しながら、常に水分が最初の量位になるようにして1時間～1時間半煮る。
2 出来上がったナツメ茶に好みでショウガのスライスを加えて、ひと煮立ちさせても良い。

作り方2（ナツメペースト）

1 作り方1の要領で、1時間程煮て、ナツメが完全に柔らかくなったら、種を取って煮汁とともにミキサーにかけ、ザルで漉す。
2 1のペーストにお湯を注いでナツメ茶として楽しんでも良い。ペーストは冷蔵保存する。

COLUMN.10
滋養強壮の果実 ナツメの力

ビタミンCやカリウム、鉄分や食物繊維などの栄養素が含まれ、健康維持や美容に役立つ韓国人にとってなくてはならない果実、ナツメです。

ナツメはクロウメモドキ科の落葉高木で高さ5～15mに達し5月～7月頃に開花、早いものは8月頃に実がなります。漢字の「棗」の由来は果実の両端に棘(とげ)が2本出ているところからきています。収穫時期は9月中旬～11月初旬頃で、生のナツメは韓国の市場やデパートなどでこの時期に販売され、ナツメの産地・忠清北道の報恩ではナツメ祭りが開催されます。乾燥ナツメは通年販売されており、大粒で皮が赤く、薄くてシワが少ない肉厚なものが良質です。ナツメにはビタミンCやカリウム、鉄分や食物繊維などの栄養素が含まれており、健康維持や美容に役立ちます。中国では3000年以上の栽培の歴史があり、「1日に3粒食べると一生老いない」と言われ、世界三大美女の1人楊貴妃も好んで食べていたとか。ただしナツメはカリウムや糖分が多いため、腎臓病や糖尿病の人は食べ過ぎには注意を。

天日干しのナツメは、大棗(タイソウ)と呼ばれ、漢方薬の材料や中国料理の食材になり、身体を温める成分を持つため葛根湯にも使用されています。

特別な存在、ナツメ

ナツメの産地は慶尚北道の慶山市や忠清北道の報恩郡が有名で、ここのナツメは果肉が厚く芳醇な味わいが特徴。古くから滋養強壮に効果があるとされ、薬膳料理の参鶏湯(サムゲタン)や伝統茶に用いられ、元旦や秋夕の儀礼の供物の膳(茶礼床)にはナツメは欠かせません。

また、ナツメは花の数だけ全て実ることから子宝に恵まれ福をもたらすと言われ、結婚式では縁起物として「ナツメタワー」を飾ります。挙式後は「幣帛(ペベク)」と呼ばれる独特な儀式が行われ、最後に新婦の手を覆っていた白い布を広げて、舅と姑がナツメと栗を投げ、それを新郎新婦がキャッチします。ナツメは男の子、栗は女の子を意味しており、キャッチした数だけ子宝に恵まれると言われています。友人も2人の息子に恵まれたので、結婚式でナツメをしっかりとキャッチしていたのでしょう。こうしてナツメは韓国人の生活にも密着しているのです。

1 ナツメは花が咲いた全てが実になるので、枝がしなる程に実がなる事がある。　2 色付く前のナツメは黄緑色でその後次第にまだら模様に赤みを帯びていく。　3 収穫されたナツメは深紅色で味は青リンゴに似ている。種類によってはピンポン玉サイズのものもある。　4 産地では年に1度「ナツメ祭り」が開催される。会場はたくさんのテントが張られ生ナツメ、乾燥ナツメ、加工品など様々なものが販売される。　5 市場で産地別の生ナツメが見られるのは収穫時期のみ。　6 写真は「米丸莉蘭ちゃんのトルチャンチ」の様子。1歳の祝いの儀式には、縁起物としてナツメを飾る場合が多い。

매실차

メシルチャ

梅茶

梅シロップを割って作るお茶。胃腸の働きをよくして消化を助け、
夏の食欲不振にも効果的と言われ、体調を整える健康万能茶として各家庭で飲まれる。

材料（2〜3人）

メシルエキス（P.178
　　梅シロップ参照）…… 40 ml
水または炭酸水 …… 150 ml

作り方

1　コップにメシルエキスを入れ、水または炭酸水を入れる。
2　メシルエキスを作った時の梅を入れる。

오미자차

オミジャチャ

五味子茶

チョウセンゴミシの実を乾燥させ、水に浸けて作るお茶。家庭でも作るが、伝統茶店でも提供される程人気が高い。酸味が強いので砂糖やハチミツを入れて飲む事も多く「酸味」の他に「甘味」「辛味」「苦味」「塩味」の5つの味がすると言われている。代表的な国内生産地は慶尚北道聞慶市で毎年オミジャ祭りも行われる。

慶尚道

材料（作りやすい分量）

乾燥オミジャ …… 40g
水 …… 1ℓ
※好みでガムシロップ、砂糖、ハチミツなど …… 各適量

作り方

1 乾燥オミジャは水で洗い、小枝などが入っていたら取り除く。
2 1ℓの水に洗ったオミジャを入れて1日置き、さらしで漉してオミジャを取り除く。
3 好みでガムシロップ、砂糖、ハチミツなどを入れ、甘みを足して飲む。

※ガムシロップの作り方：鍋に、グラニュー糖200gと水200㎖を入れて火にかけ、途中よく混ぜながらグラニュー糖を完全に溶かして、1分程度煮詰める。

◆ オミジャ

山岳地帯や森林地帯に自生する木の実。韓国で広く知られている伝統的な韓方の一つでもあり、9月の中旬に市場に出回る。果実は酸味が強く甘酸っぱい風味が特徴。生でも乾燥でも使われ、韓国全土で親しまれている。

COLUMN.11

オミジャとは

オミジャ（五味子）は、岩盤地帯で育つ落葉性のつる科の植物で、日本ではマツブサ科にマツブサ属に含まれ「チョウセンゴミシ」と呼ばれており、朝鮮半島や中国、ロシアにも分布しています。

オミジャの歴史

　五味子という名前の由来は、「甘味」「酸味」「辛味」「苦味」「塩味」の5つの味がするからだと言われています。体調により味が変化するとも言われますが、正直なところ酸っぱさが際立って感じられます。

　五味子の歴史は古く、中国、梁の時代の陶弘景（456～536）が書いた「神農本草経集註」という本では「五味子は、高麗のものは一番品質が良く、果肉が大きくて酸っぱい」と書かれており、当時から外国へ輸出までされていたようです。その後、朝鮮時代に入りよく飲まれるようになった五味子茶は「朝鮮王朝実録」にも、王がのどの渇きを潤すために好んで飲むお茶として出てきます。韓方薬として鎮咳、滋養、強壮薬などによく用いられ、日本でも使用されている生薬の一つでもあります。和名には「朝鮮」の名前がありますが、北海道や本州の中部地方以北の山地の林床や林縁などにも見られます。長い間、朝鮮から持ち込まれていたオミジャは生薬として果実のみを利用していたため、実際にどのような植物なのか知らなかったそうです。本草学者であり博物学者や発明家であった平賀源内が駿河の国に分布、生育している植物と大変よく似ていることに気付き、朝鮮のオミジャとの比較栽培を行い両種は同じ植物であることが判明しました。それ以後は毎年駿河産のオミジャを幕府に献上したそうです。

オミジャの産地

　このオミジャ、つるは細く高さ2m程になり、5月～7月ごろ白くて芳香がある小さな花を咲かせ、その後白っぽい緑色の実をつけます。そして8月末～9月中旬にかけて熟し赤くなります。手のひらにのるほどの大きさで小ぶりのブドウの様な房状の集合果になり垂れ下がる姿はとても美しい光景です。9月の収穫時になると大きなものは一粒が1cm程にもなり、柔らかな実は潰すと赤いエキスが出ます。

　オミジャの有名な産地の一つとして、韓国の生産量の約45％を占める慶尚北道の聞慶（ムンギョン）があげられます。オミジャは海抜500～700メートルの準高冷地山間地

1 収穫されたばかりのオミジャは全ての粒が真っ赤に熟している。このあと、様々なオミジャの製品に加工される。　2 実はまだ硬いが、少しずつ色付いて熟してくる。はじめは実は緑色だが、徐々に全体的に赤く色付く。　3 収穫直前のオミジャ。実はパンパンになり真っ赤に色付いている。手のひらに乗るサイズで、見た目は小さなブドウのよう。　4 オミジャのトンネル。つる性のオミジャは生育コントロールや収穫しやすくするために、棚栽培などが多く用いられている。

域でありながら乾燥せず、水はけの良い土地が向いていると言われ、まさに聞慶がこのような条件をみたしており、数百年前からこの地域で五味子の栽培が盛んになったそうです。この聞慶では毎年9月に「オミジャ祭り」が開催されたくさんの観光客で賑わいます。収穫されたばかりの新鮮なオミジャが並び、砂糖漬けなど加工してあるものまで多種多様なオミジャを楽しめます。韓国のお酒といえばマッコリが有名ですが、オミジャマッコリなども購入することができ、ピンク色のマッコリはお酒が飲めない人も思わずお味見したくなる一品です。

秋になるとソウルでも市場やデパ地下、スーパーなどで生のオミジャを見かけます。ザルに盛られて野菜や果物と並んで売っていたり、砂糖漬けのものなど、あちこちで赤い実がルビーのように輝いています。

生のオミジャを購入できる時期は1年の内で2〜3週間だけなので、オミジャを目当てに市場などに繰り出す人が増えます。最近ではわざわざ日本からオミジャの産地まで出かける人もいるようです。

食材としても人気のオミジャ

そして、鮮度が命とも言える生のオミジャは、収穫してすぐに加工しないと黒ずんで使えなくなります。生の赤い実は主に砂糖漬けにし、オミジャエキスを作ってドリンクで楽しんだり、デザートなどの色付けに用いると目にも鮮やかな美しいピンク色になります。そこでゼリーやファチェと言った韓国デザートや韓国餅に多く使われ、韓定食のお店では食事の口直し的な存在で登場することもしばしば。

また、実を乾燥させて使うこともあり、乾燥させた五味子は水出ししてお茶にするとふんわりとオミジャの香りを楽しめる韓方茶になります。韓国では、伝統茶の店でこのオミジャ茶を飲む事ができ、冬は暖かく、夏は冷たくして頂く人気のお茶の一つです。過去にはシアトル発の有名コーヒーチェーン店でも、夏季メニューとしてオミジャエイドなどが売り出され人気になっていました。私が初めてオミジャ茶を飲んだ時、まずはそのきれいな色にうっとりして、一口含んだら独特な韓方の香りと甘酸っぱさが広がりいっぺんに虜になりました。機会があれば美容や健康のためにオミジャを試してみてください。

5 韓国では収穫した生のオミジャ5kgに砂糖を入れて販売している。この後100日程度熟成させたエキスをデザートなどに使う。

6 9月になると市場に収穫された生のオミジャが並び、量り売りをしている。秋の収穫時期だけしか売っていないのでとても人気がある。　7 生のオミジャはフルーツ店で産地別に販売している事が多い。これは聞慶産。　8 オミジャを乾燥させたもので、百貨店やマートで通年購入できる。水またはぬるま湯に浸せばオミジャ茶が作れる。　9 生のオミジャを砂糖と合わせたばかりの状態。この状態で100日程度経つと完全に砂糖が溶けておいしいオミジャエキスが完成。　10 韓国伝統茶店のアイスオミジャ茶。伝統茶店ではお茶と一緒に伝統菓子の韓菓子や餅なども一緒に提供される。
11 韓国伝統茶店は観光客にも人気で、器やインテリアも韓国の雰囲気が楽しめる。ソウルでは仁寺洞や益善洞エリアなどに点在している。　12 オミジャ茶にジンダルレ（つつじの花）や、松の実、梨を浮かべたオミジャ花菜（ファチェ）。

수박오미자화채

スバッオミジャファチェ

スイカの五味子ポンチ

昔から韓国全土でよく食べられるデザートだが、原料のオミジャは江原道や慶尚北道などの山岳地帯が産地。「スバッ」はスイカ、「オミジャ」は五味子、「ファチェ」は花菜の事。五味子のジュースにくり抜いたスイカを浮かべたフルーツポンチのような清涼感ある夏のデザート。

材料（2〜3人分）
乾燥オミジャ …… 1/3カップ
水 …… 600㎖
砂糖 …… 80g
スイカ …… 適量

作り方
1 乾燥オミジャは水で洗って、200㎖の水にひと晩浸け、きれいな色が出たら、サラシ（きれいな布巾）などで濾しておく。
2 鍋に水400㎖を入れて沸かし、砂糖を溶かし冷ましておく。
3 1と2を合わせて冷やしておき、型で抜いたスイカを浮かべる。

ひと言
乾燥オミジャを使う時は、熱を加えると苦みが増すので必ず水出しをします。オミジャは9月頃に生のものが出まわるので、砂糖漬けにしてオミジャシロップを作っておくと便利。

배오미자화채

ペオミジャファチェ

梨の五味子ポンチ

「ぺ」は梨、「オミジャ」は五味子（ごみし）、「ファチェ」は花菜という名の宮廷飲食の伝統茶。
オミジャファチェは梨を浮かべたものが多く、梨が入っているものを、そのままオミジャファチェと呼ぶ事もある。
甘酸っぱい五味子とサッパリとした梨の相性が良いデザートに。

材料（2〜3人分）

乾燥オミジャ …… 1/3カップ
水 …… 600mℓ
砂糖 …… 80g
梨 …… 適量

作り方

1　乾燥オミジャは水で洗って、200mℓの水にひと晩浸け、きれいな色が出たら、サラシ（きれいな布巾）などで濾しておく。
2　鍋に水400mℓを入れて沸かし、砂糖を溶かして冷ましておく。
3　1と2を合わせて冷やしておき、型で抜いた梨を浮かべる。

유자화채

全羅道

유자화채

ユジャファチェ

柚子の花菜

柚子を使ったファチェ（花菜）は、
柚子のワタも使って余すところなく使って作るデザート。
全国で作られるが、柚子の産地で有名なのは全羅道。
ユジャファチェは作ってすぐ食べるのではなく、シロップを注いで蓋をし、
しばらく時間を置く事により、より柚子の香りが立ってくる。
大きな器で作れば、まるで大輪の花が咲いたように華やかに。

材料（4人分）

柚子 …… 1〜2個
梨（正味）…… 150g
ザクロの実 …… 適量
グラニュー糖 …… 大さじ1

＜シロップ＞
水 …… 400㎖
グラニュー糖 …… 70g
ハチミツ …… 大さじ1

作り方

1 はじめにシロップを準備する。小さな鍋に水とグラニュー糖を入れて火にかけ、グラニュー糖が溶けたらハチミツを混ぜて冷ましておく。
2 柚子は塩（分量外）でこすって水洗いし、4等分にして皮と果肉に分ける。皮は内側の筋を取ってワタと皮に分け、それぞれせん切りにする。果肉は筋と種を取り除き、細かく切ってボウルに入れ、グラニュー糖と合わせておく。
3 梨も柚子の皮と同じ長さに切り揃えておく。
4 器に柚子の皮、ワタ、果肉、梨を3〜4等分に分けて放射線状に盛り付け、シロップを静かに注ぐ。ザクロの実を真ん中に散らす。

ひと言
出来上がったらラップをかけて、30分程冷蔵庫に入れておくと柚子の香りが立ちます。

6 デザート・ドリンク　ユジャファチェ

수정과

수정과

スジョングァ

水正果

特定の地域はなく、韓国全土で冬に食べる伝統の冷たいデザート。
韓定食のお店などで食後によく出てくるが、
その他では伝統茶のお店などでもよく見かける。
ショウガやシナモンを煮出してシロップを作り、
中に入れる干し柿はシロップにしばらく浸けてふっくらさせたもの。

材料（作りやすい分量）

干し柿 …… 4個	シナモンスティック …… 4〜5本（1本3g）
キビ砂糖 …… 100g	ショウガ …… 50g
水 …… 1.2ℓ	松の実 …… 少々

下準備

1 ショウガは皮をむき、洗って薄切りにする。
2 シナモンスティックは1本を3〜4等分にする。
3 松の実はガクを取り除く。

作り方

1 水にショウガを入れ、弱火で15分煮る。シナモンスティックを入れてさらに5分煮出し、サラシで漉しておく。
2 1の煮汁にキビ砂糖を入れて火にかけ、キビ砂糖が溶けたら冷ましておく。
3 干し柿はヘタを取り除き、切り込みを入れて中の種を取る。端を切ってくるくると巻いて丸く形を作り、シロップに浸し、冷蔵庫で冷やす。
4 干し柿がシロップを含んで柔らかくなったら、器に盛りつけ松の実を散らす。

干し柿はヘタを取り、縦に切り込みを入れる。

種を取り出す。

ヘタの部分をきれいに切って整える。

切った切り口からくるくると巻く。

丸く形を作る。

大きければ半分に切る。

배숙

ペスッ

梨のコンポート

「ペスッ」は梨のコンポートの事で、ファチェの種類の一つ。
喉を潤す梨と、身体を温めるコショウやショウガを使って作るデザートは、
風邪をひいた時や風邪予防にも良いとされ、昔から夏に食べられていたデザート。
韓国全土で食べられている料理だが、特に伝統的な暦である「伏日」に暑さを乗り切る滋養強壮料理として食べる。

材料（梨1個分）
梨 …… 1個
水 …… 750㎖
ショウガ …… 40g
砂糖 …… 75g
粒黒コショウ …… 24個

作り方
1 ショウガは皮をむき、薄切りにする。鍋に分量の水とショウガを入れて火にかけ、沸騰したら弱火で15分煮る。
2 梨は8等分にし、皮と芯を取り除き、1カケの梨に黒コショウを3つずつ間を空けて埋め込む。
3 1のショウガ水に分量の砂糖と2の梨を入れて、梨が躍らないくらいの火加減で15分程煮る。

송편
ソンピョン

松餅

米粉で作る韓国の伝統餅で、松葉を敷いて蒸す事からこの名前が付いた。
秋の収穫時期、「秋夕（チュソク）」に新米で作ったソンピョンを、1年の収穫を祝い、先祖の墓に供える。
全国的に食べられているが、生地を緑、ピンク、黄色など3色にしたり、
中に小豆を使ったりと形状や詰める具の種類も様々。
今回の半月のソンピョンはソウル式で黄海道や江原道地方では指で押して模様を作り大きめにするのが特徴。

材料（8個分）

米粉 …… 50g
餅粉 …… 10g
ハチミツ …… 小さじ1弱
塩 …… 2つまみ
ぬるま湯 …… 35ml
松葉 …… 適量
ゴマ油 …… 適量
<餡>
　スリゴマ …… 大さじ1
　ハチミツ …… 小さじ1弱
　砂糖 …… 小さじ1/2

作り方

1 米粉と餅粉と塩を混ぜ合わせてふるう。
2 1の粉にハチミツを入れてよく混ぜ、湯を入れて練り合わせる。
3 2の生地をビニール袋に入れて、15分程度休ませる。
4 餡の材料を合わせて準備する。
5 寝かせた生地を一つ13g程度に分けて8等分する。
6 生地に餡を少しずつ入れて半月型に成形する。
7 蒸し器に水を入れて沸騰させ、松葉の上に濡れ布巾を敷いて成形したソンピョンを並べ、中火で25分程度蒸す。
8 蒸し上がったらゴマ油に水少々混ぜて、温かいうちにはけでソンピョンに塗る。

백설기

ペクソルギ

白い米粉ケーキ

ソルギとは米粉を使って蒸して作る餅ケーキの事だが、このペクソルギは、子供の100日のお祝いには欠かせないもの。子供が純粋にそして健康に育つ事を願い、雪のように白く作るのが特徴。結婚式や祝い事でも作るが、お祝いのペクソルギは、隣人や親戚にも配る。

材料（直径12cmのセルクル1台分）

米粉 …… 140g
餅粉 …… 20g
塩 …… 2つまみ
グラニュー糖 …… 大さじ1
水 …… 85mℓ

作り方

1 米粉と餅粉、塩を混ぜて、ザルでふるっておく。
2 フードプロセッサに1を入れ、水を少しずつ入れながら粉に水分を含ませる。
3 手のひらで粉を握ると固まり、すぐに崩れるくらいの固さになったら、ザルでふるう。その後グラニュー糖を加えて混ぜる。
4 蒸し器に濡れたサラシをひいて、その表面に分量外のグラニュー糖をふりかける。その上にセルクルを置いて3の生地を入れ、表面をスケッパーで整える。
5 湯気が上がった蒸し器で6分蒸したらセルクルをはずし、さらに10分蒸してから火を止めて5分蒸らす。

개성주악

ケソンチュアッ

開城の揚げ餅

開城地方の郷土料理で宴会の膳には欠かせない餅菓子で、ウメギトックとも呼ばれている。
餅米の粉を練る時にマッコリを入れるのが特徴で、揚げて上からハチミツや甘いシロップで仕上げる揚げ餅。

材料（8個分）

餅粉 …… 60g
米粉 …… 10g
小麦粉 …… 10g
ハチミツ …… 小さじ2
マッコリ …… 20㎖
塩 …… 2つまみ
湯 …… 適宜
カボチャの種 …… 8個

＜シロップ＞
水 …… 30㎖
砂糖 …… 25g
ハチミツ …… 小さじ1
ショウガのスライス
　　　…… 1枚
シナモンパウダー
　　　…… 少々
韓国水アメ
　　　…… 大さじ1

作り方

1 餅粉、米粉、小麦粉、塩を合わせてふるう。
2 シロップの材料を合わせて火にかけ、煮立ったら火を止め、冷ましておく。
3 1の粉に、ハチミツとマッコリを入れてよく揉み、触れる程度の湯を少しずつ入れながら耳たぶ程度の固さにする。
4 3の生地を8等分にして丸め、真ん中に穴を開けておく。
5 120～130℃の油で6分程揚げ、その後170度にした油で程良い色が付くまでさらに揚げる。
6 2のシロップにくぐらせ、カボチャの種を飾って仕上げる。

201

화전

화전

ファジョン

花餅

花を意味する「ファ」と、焼いた餅を意味する「ジョン」を組み合わせた料理。
高麗時代からファジョン遊びという風習があり、陰暦の3月3日、ツツジが咲く頃、
山に出かけて、ツツジを摘んで焼餅にしたと言われている。
秋には菊の花と葉を飾り、冬には木の実を飾るなど宮中や、
韓国全土で食べられる伝統的な韓菓。

材料（8個分）

白玉粉 …… 60g
塩 …… 2つまみ
水 …… 53㎖
食用花（食用ツツジ） …… 適量
サラダ油 …… 適量
ハチミツ …… 適量

作り方

1 白玉粉と塩をボウルに入れ、分量の水を少しずつ入れて捏ねる。
2 準備した食用花は水で優しく洗って準備する。
3 生地は8等分にして丸めて、油をひいたフライパンで弱火で両面をゆっくり焼く。
　餅を片面焼いて返したら食用花をのせ、焼き色がつかないように火を通す。
4 仕上げに餅の表面にハチミツを塗る。

ツツジの花は、一つずつガクから花びらを外す。

水で優しく洗い、水につけておく。

6 デザート・ドリンク ファジョン

全羅道

율란

ユルラン

栗卵

栗の時期に作られる韓菓の一つ。
今では韓国全土で食べられているが、元々は全羅北道のお菓子で、
ソウルでは王様の間食として宮中で作られていたお菓子と言われている。
蒸した栗を再び元の形に戻して仕上げるのが特徴。漢字では栗卵と書く。

材料（出来上がり7〜8個分）
栗 …… 4〜5個（約120g／正味70g）　　塩 …… 少々
ハチミツ …… 大さじ1/2　　松の実 …… 小さじ2
シナモン …… 少々

作り方
1 栗は湯気が上がった蒸し器で25分〜30分程度蒸す。
2 1の栗を半分に切り、中身をスプーンですくって取り出し、熱いうちに裏ごしする。蒸した栗を取り出した時の分量は、60〜70g。
3 裏ごしした栗と、塩、ハチミツ、シナモンをよく混ぜ合わせて栗の形にする。
4 キッチンペーパーにガクをとった松の実を入れて包み、細かくなるまで綿棒などで叩く。
5 3の栗の座の部分にハチミツ（分量外）を薄く塗り、細かくした松の実を付ける。

ひと言
シナモンの量は好みで調整をすると良い。

6 デザート・ドリンク　ユルラン

COLUMN.12

韓国の行事と食

韓国は、日本と変わらない四季と、それに合わせて季節の行事があります。その日に食べるものもあります。

1月

◆ソルラル（正月・陰暦1月1日）

　元旦。ソルラルを含めて前後合わせて3日間が連休になります。この連休は、故郷で過ごすのが一般的で、家族でトックッ（米粉で作った餅）を入れたスープを食べます。ご先祖様にチャレサン（お供え物（茶礼床））を準備して捧げ、先祖の霊を迎えるチャレ（儀式（茶礼））を行います。チャレサンはリンゴや梨、ナツメ、栗、柿などのフルーツの他、魚や肉、ジョン、ナムル、餅などをお供えする事もあります。昔は全て手作りの家庭が多かったのですが、最近はネット注文できる便利な方法もあります。また家族が集まるソルラルも、最近では連休を利用して旅行に行く人も増えてきました。

◆ジョンウォルテボルム（正月大満月・陰暦1月15日）

　陰暦の新年最初の満月に、タルマジ（お月見）をして1年の幸福を祈る日でジョンウォルテボルム（正月テボルム）と呼び、無病息災を祈り、五穀豊穣を祈願します。お菓子は、ヤッパッ（薬飯）という餅米とナツメや栗を合わせて砂糖と醤油で味付けして蒸し、シナモンで風味を付けたものを食べます。また、オゴッパッ（P.108）という白米に餅米やキビ、小豆、豆類を入れた五穀米を炊きます。地方により中身が少しずつ変わりますが、穀物をたっぷりと入れて炊くのが特徴です。それと共に冬の間保存しておいた乾燥野菜をナムルにして食べます。この日を境に芽吹きの春を迎えると言う気持ちです。酒もキバルギスルと言って耳がよく聞こえ、この1年間、良い知らせが聞こえて来るようにと言う願いを込めて清酒を飲みます。その他ブロムと言って、クルミや松の実、ピーナッツなど固いものを食べて歯も丈夫に過ごせるようにと祈ります。

2月

◆チュンファジョル（農耕の始まりの日・陰暦2月1日）

　この日から農業を始める日。昔、大きな農家では働き手に農業に励んでもらうよう、酒盛りやご馳走をし、その年の年棒の米を決める日でした。また、1年の豊作を願い、小作人の歳の数だけヨモギ餅やソンピョン（松餅 P.199）を作って食べる風習がありました。今でもこの風習が残っている地方もあります。

3月

◆チュンサムジョル（重三節・陰暦3月3日）

　日本で言う桃の節句。3月3日は3が重なる日というところから重三節といいます。この日は高麗ツツジが咲く時期なので春の訪れを祝う日とされ、ファジョンノリ（花煎遊び）と言って野山に出てチンダルレ（高麗ツツジ）を摘み、花を付けて焼いたファジョン（花餅 P.202）や、チンダルレの花弁を片栗粉でまぶしてサッと茹でたものをオミジャ（五味子）の戻し汁に浮かべたチンダルレ・ファチェ（高麗ツツジ花菜）を作って飲みます。この日は宮中も庶民もファジョンノリで外に出て花見を楽しんだと言われます。

4月

◆チョパイル（お釈迦様の生誕日・陰暦4月8日）

　各地方の寺でお釈迦様の誕生日を賑やかに祝う日。トンソク（燈夕）と言って、蓮の花を模した色とりどりの提灯に家族の名前を書いて捧げます。高麗時代には国を挙げての仏教行事でしたが、今でもこの日の寺は提灯を持った人で行列ができるほど盛大に祝います。昔は、炒った黒豆を食べ、また道で会う人にあげて良い因縁を結ぶという風習もありました。行事とは関係なく、韓国では黒豆を日頃からよく食べる習慣があります。

5月

◆タノ（端午の節句・陰暦5月5日）

　「端午節」「天中節」などと呼ばれています。種まきが終わるこの頃、山の神や地の神にその年の豊作を願う日です。また、季節が変わり梅雨がやってくる頃なので健康と厄払いを行う日です。端午にはヤマボクチ蒸し餅やヨモギ餅などを作って食べ、エンドゥ（ユスラウメ）という甘酸っぱい果実を使ったデザート、ファチェ（花菜）を作ります。

6月

◆ユドゥジョル（流頭節・陰暦6月15日）

　小麦が収穫される頃なので、収穫したばかりの新小麦を使って作る流頭麺を食べます。これは収穫したばかりの新小麦を賞味するという事と、この日に麺を食べると長生きをするという意味があり、新小麦で作ったものを節食として食べて、無病息災を祈願します。また、東方に流れる水で髪を洗うと厄を逃れると言われていました。

7月

◆サンボッ（三伏）

　チョボッ（初伏・陰暦6月中旬頃）、チュンボッ（中伏・陰暦6月末頃）、マルボッ（末伏・陰暦7月初旬頃）の三つ合わせてサンボッと言います。陰暦の6月～7月にかけては1年の内で一番暑い時期で、暑さに負けないように滋養のある食べ物を食べます。その代表的なものがサムゲタン（参鶏

湯 P.70）です。

　栄養価も高く、グツグツ煮えた参鶏湯を食べる習慣は、熱を以って熱を制するという意味で、韓国では「以熱治熱（イヨルチヨル）」という言葉がよく使われます。

8月
◆チュソッ（秋夕・陰暦8月15日）
　1年の豊作を祝い、先祖に感謝する日。この時期は農家の秋の収穫物が出回るので、食材が豊富な頃です。新米で作ったご飯やソンピョン（松餅）、新酒や初物の果物、秋の大根や、初物の白菜と唐辛子を使って漬けたキムチなどを持って墓参りをして先祖に供え、チャレ（茶礼）という儀式を行い、その後、家族みんなで食事を楽しみます。また、この頃にだけ出回る里芋を使ってトランタン（里芋のスープ P.80）も作って食べます。秋夕の前後1日ずつ、合計3日間が祝日です。

9月
◆チュンヤンジョル（重陽節・陰暦9月9日）
　菊の花が咲くこの頃、韓国では菊の花を使ってクッカジョン（菊の花煎）を焼いたり、クッカジュ（菊の花を乾かしてお酒を醸造する途中で入れたもの）を飲んだりと、菊を楽しんでいました。しかし最近では使われる在来種の黄菊がなかなかないと言われています。またこの時期に、柚子の皮と実をそれぞれ分け、皮はせん切りにして実と一緒にシロップに漬け込み、ザクロを浮かべたユジャファチェ（柚子花菜 P.194）などを作ります。

10月
◆サンダル（上月・陰暦10月）
　先祖の墓参りをする月。10月は1年の農作が終わり、穀物や農作物の収穫の月であることから、天と先祖に礼を捧げる月です。この月にはパッシルトッ（小豆蒸し餅）を作り、様々な神に家の無病・繁栄を祈ります。赤い小豆は鬼が赤色を嫌うため、蒸し器に入れて味噌瓶の上や板の間、玄関などに置き、祭祀が終わってから近所の方に分け合って食べます。
◆ケチョンジョル（開天節・10月3日）
　日本でいう建国記念日で、祝日です。この日は特別食べ物が決まっていません。
◆ハングルの日（10月9日）
　世宗大王によって創られたハングルの制定を記念する祝日です。

11月
◆トンジ（冬至・陰暦11月）
　1年で一番日が短い日（夜が長い日）。この時期には、パッチュッ（小豆粥）を炊いて食べます。赤小豆の粥に白玉団子を入れて食べますが、赤い色の小豆は祟りを寄せ付けないと言われる厄除けの意味があります。これは日本のゼンザイのように甘くなく、小豆の味をそのまま感じられるほんのり塩気のある粥です。他にはトンチミ（大根の水キムチ）やカクセッ・キョンダン（各色瓊団、練った餅米を茹でたものに各種まぶし粉をまぶした餅）、スジョングァ（水正果、ショウガ、桂皮で作った甘味飲料 P.196）もこの頃に食べます。

12月
◆ソッタルクムン（大晦日・陰暦12月31日）
　余ったナムルなどを新年に持ち越す事なく、全てを片付けるという意味で「ピビンパッ」を作って食べます。新たな気持ちで新年を迎えるという人々の考えからこのピビンパッという料理が誕生したという説もあります。

1 家族が集まって先祖を敬う茶礼の儀式を行う際には必ず茶礼床が用意される。配置は屛風の前にご先祖様の位牌を置き、奥にご飯や季節の汁物（旧正月はトックッ）、中程に魚や肉、ナムルなどのおかずやキムチ、手前に菓子類や果物を供える。供えものは地方によって違い、最近は先祖が好きだったものを供える家もある。
2 陰暦の8月15日の秋夕に欠かせないのは収穫を祝って新米で作るソンピョン。先祖に感謝して供え、その後、みんなで食べる秋夕に欠かせない餅。シンプルにお米の色で作る場合や、ヨモギやクチナシ、五味子などで色付けする事もある。

207

著者／結城奈佳（ゆうきなか）

料理研究家●ソウルに料理留学ののちに「我が家の韓国料理教室」をオープン。現在は東京都内＆福岡で開講中。韓国全国の料理に精通し、韓国宮廷料理から、郷土料理、家庭料理を教えている。年に何回も韓国に足を運び、本場の食材や調味料などを調達してより本場に近い味を伝えようと研鑽している。

監修／イ・ソンエ（李善愛）

1951年ソウル生。アメリカ生活と、海外の様々な旅行体験をもとに、1997年から「世界の家庭料理」講座をスタートさせる。また、"한국의 맛"（韓国の味）カン・インヒ先生に師事。韓国家庭料理と両班料理を習得し、2011年まで研究委員（理事）を務め、その後も継承し続けている。現在はFood Artist, Party Plannerとして活動中。著書に『韓国の多様なチヂミ-新しく伝える』『ご飯』江南文化財団、韓国の味研究会共著など多数。

参考文献

「韓国食生活文化の歴史」尹瑞石（明石書店）
「韓国の食」黄慧性・石毛直道（平凡社）
「조선왕조 궁중음식」韓福麗・鄭吉子（社団法人宮中飲食研究院）
「향토 음식」정혜홍ほか（ヒョンソル出版社）
「韓国――食の文化」延恩株（桜美林大学出版会）
「食卓の上の韓国史」周永河（慶応義塾大学出版会）
「朝鮮の祭儀と食文化」依田千百子（勉誠出版）
「朝鮮半島の食と酒」鄭大聲（中央公論社）
「食は韓国にあり」森枝卓士・朝倉敏夫（弘文堂）
「絶品！ぶっちぎり108料理」八田靖史（三五館）
「今、ここに、江原で」（江原道庁）
「SOOM STAY」（江原道庁）
「ハロー大邱！」（韓国観光公社）
「VISIT KOREA」（韓国観光公社）
「行こう、韓国。巡ろう、京畿。」（京畿観光公社）
「大田忠清旅行」（韓国観光公社大田忠南支社）

Staff

撮影／
中本浩平（カバー、30〜61、66〜93、102〜127、132〜153、163〜179、182〜189、192〜205）
現地取材・撮影／結城奈佳、結城智明
装丁・デザイン／
望月昭秀、境田真奈美（NILSON）
スタイリング／丸山かつよ
編集／金井美椎子
校正／佐藤華奈子
写真提供／韓国観光公社（8〜9、10〜11、12、13、14、15、16、17、18、19、20、21、22、23、24〜25、26〜27、28〜29、98〜99、158〜159、180〜181）
写真協力／
白 南珠（P156-157献立写真）／李 外淑（P161料理写真など）／鄭 愛華（P187家族写真）／株式会社HMC 鹿島みゆき（P187ナツメ）／的野紀子（P190-191）／La Cucinetta三溝清美（P156）／野口美帆（P162イベント写真）／金 己愛（P162冷蔵庫写真）
協力／斎藤満寿美

韓国全道の伝統料理、郷土料理の調理技術から食材、食文化まで。
本場（ほんば）のレシピ105

韓国料理大全（かんこくりょうりたいぜん）

2025年5月12日　発　行　　　　　　　　　　　NDC596

著　　　者	結城奈佳（ゆうきなか）
監　　　修	イ・ソンエ
発　行　者	小川雄一
発　行　所	株式会社 誠文堂新光社
	〒113-0033　東京都文京区本郷3-3-11
	https://www.seibundo-shinkosha.net/
印刷・製本	シナノ書籍印刷 株式会社

©Naka Yuuki. 2025　　　　　　　　　　　　Printed in Japan

本書掲載記事の無断転用を禁じます。

落丁本・乱丁本の場合はお取り替えいたします。

本書の内容に関するお問い合わせは、小社ホームページのお問い合わせフォームをご利用ください。

本書に掲載された記事の著作権は著者に帰属します。これらを無断で使用し、展示・販売・レンタル・講習会等を行うことを禁じます。

JCOPY ＜（一社）出版者著作権管理機構 委託出版物＞
本書を無断で複製複写（コピー）することは、著作権法上での例外を除き、禁じられています。本書をコピーされる場合は、そのつど事前に、（一社）出版者著作権管理機構（電話 03-5244-5088 ／ FAX 03-5244-5089 ／ e-mail：info@jcopy.or.jp）の許諾を得てください。

ISBN978-4-416-62393-0